AF603047

OLGA,

OU

L'ORPHELINE MOSCOVITE.

OUVRAGES DU MÊME AUTEUR.

—

LOUIS IX, tragédie en cinq actes, troisième édition.
LE MAIRE DU PALAIS, tragédie en cinq actes, deuxième édition.
FIESQUE, tragédie en cinq actes, troisième édition.
MARIE DE BRABANT, poème en six chants, troisième édition.
SIX MOIS EN RUSSIE, 1 vol. in-8°, deuxième édition.
L'HOMME DU MONDE, 4 vol. in-12, deuxième édition.
L'IMPORTANT, comédie en trois actes et en vers.

IMPRIMERIE DE GUIRAUDET,
rue Saint-Honoré, n° 315.

OLGA,

OU

L'ORPHELINE MOSCOVITE,

TRAGÉDIE EN CINQ ACTES ET EN VERS,

PAR

M. ANCELOT,

Représentée pour la première fois sur le Théâtre-Français, le 15 septembre 1828.

Paris,

BRÉAUTÉ, LIBRAIRE-ÉDITEUR,

PASSAGE CHOISEUL, N°s 60 ET 62.

1828.

DISTRIBUTION D'OLGA

POUR LES THÉATRES DE PROVINCE.

—

Obolenski. . . . . *Jeune 1er rôle.*
Boscaris. . . . . *Jeune premier.*
Belski. . . . . *Père noble.*
Strogonoff. . . . . 3e *amoureux.*
Doubrowski, et un boïard. *Utilité.*
Le voëvode . . . . 3e *rôle.*
Blaskoff. . . . . 1er *comique pourant chanter.*
Fédor. . . . . *Rôle de convenance.*
Ouslad. . . . . 2e *comique.*
Thébaldo. . . . . *Grande utilité.*
Rôle de convenance.
Hélène. . . . . 1er *rôle.*
Olga. . . . . *Forte jeune-première*
ou
Jeune premier rôle.
Béatrix. . . . . *Caractère.*

Le rôle de Thébaldo peut être joué par celui qui jouera Strogonoff, les deux costumes étant tout à fait différents, et la barbe, la coiffure changeant complètement la figure. Thébaldo finit au troisième acte, et Strogonoff ne paraît que dans le quatrième.

Si l'on a quelqu'un pour remplir le rôle du boïard, qui n'a qu'un vers à dire, il est inutile de réunir ce personnage à celui de *Doubrowski.*

OBSERVATION IMPORTANTE.

Dans les troupes de province où le premier rôle serait *marqué,* l'intention formelle de l'auteur est que le rôle d'*Obolenski* appartienne au jeune premier, et le rôle de *Boscaris* au premier rôle.

PERSONNAGES.		ACTEURS.
OBOLENSKI, boïard, favori de la tsarine.	MM.	Michelot
BOSCARIS, réfugié de Byzance, courtisan de la tsarine.		Marius.
BELSKI, } boïards révoltés.		Desmousseaux
STROGONOFF, } boïards révoltés.		Delafosse.
DOUBROWSKI, } boïards révoltés.		Bouchet.
LE VOEVODE DE KIOFF.		Saint-Aulaire.
THÉBALDO, architecte italien.		Menjaud.
LE MÉTROPOLITE DE KIOFF, personnage supprimé par la censure dramatique.		
BLASKOFF, esclave d'Obolenski.		Monrose.
FÉDOR, idem.		Samson.
OUSLAD, esclave de Strogonoff.		Armand-D'Ailly.
UN BOÏARD.		Laisné.
HÉLÈNE, tsarine de Moscovie.	Mesd.	Leverd.
OLGA.		Brocard.
BÉATRIX, italienne attachée à Olga.		Thénard.
BOÏARSD.		
STRÉLITZ.		
ESCLAVES.		
FEMMES.		

L'action a lieu en 1535. Le premier acte se passe dans la petite Tartarie les quatre derniers en Moscovie.

Nota. Les acteurs sont placées en tête de chaque scène comme ils doivent l'être au théâtre ; le premier tient la gauche du spectateur. — Le *w* dans les noms doit être prononcé comme un *v* simple.

OLGA,

OU

L'ORPHELINE MOSCOVITE.

ACTE PREMIER.

Le théâtre représente le vestibule d'un palais tartare. Une porte au fond ; une à la gauche du spectateur, qui conduit à l'appartement d'Olga ; une autre porte à droite. Une table recouverte d'un tapis ; des siéges en bois, grossièrement travaillés. — Au lever du rideau les esclaves sont couchés par terre en travers des portes ; Blaskoff seul est debout.

SCÈNE Ire.

—

BLASKOFF, FÉDOR, ESCLAVES.

BLASKOFF.

Allons, Fédor, debout, l'aurore va paraître :
Attendras-tu le jour et le réveil du maître ?
Lève-toi.

FÉDOR.

Quoi ! déjà ?

BLASKOFF.

C'est assez sommeiller.
Debout.

FÉDOR.

J'étais heureux! pourquoi me réveiller?

BLASKOFF.

Heureux...! Ah! tu rêvais.

FÉDOR.

Que j'étais libre.

BLASCOFF.

Écoute,

Tu te perdras, Fédor; imite-moi.

FÉDOR.

Sans doute,

L'esclave, sans songer aux maux qu'il a soufferts,
Doit sourire à l'opprobre et chanter dans les fers.
C'est ton destin; le mien, Blaskoff, est de maudire.

BLASKOFF.

Tu maudis notre sort, et j'aime mieux en rire.
Le plus sage de nous, quel est-il?

FÉDOR.

Insensé,

Qui manges, dors, crois vivre, et n'as jamais pensé.

BLASKOFF.

Hé, que sert de rêver une autre destinée?
Aux lois d'Obolenski ma vie est enchaînée:
Tous mes jours sont à lui, mon travail est son bien.
Belski, noble boïard, fut ton maître et le mien:
Proscrit, de ses trésors on a fait le partage,
Et nous avons été compris dans l'héritage.
Est-il quelques bienfaits qui m'attachent à lui?
Ai-je du nouveau maître à me plaindre aujourd'hui?

Celui-là me nourrit ainsi qu'aurait fait l'autre,
Et bien souvent son sort est moins doux que le nôtre!
Sans soins de l'avenir, je vois couler mes jours.
Que de fois ma gaîté, mes folâtres discours,
Mes danses et mes chants sur son noble visage
Ont d'un chagrin secret éclairci le nuage!

FÉDOR.

Il est donc vrai, voilà l'honneur que tu poursuis!
Par ta gaîté servile amusant ses ennuis,
Tu te trouves heureux alors que pour salaire
Il veut bien t'honorer d'un regard sans colère,
Ou lorsque par hasard ses gestes familiers
Te caressent, Blaskoff, comme ses lévriers.

BLASKOFF.

Vains mots que tout cela! Puis-je changer ma vie?
Joindrai-je à ses douleurs et la haine et l'envie?
Je tâche, en l'égayant, d'adoucir mon destin.
Conduits par notre maître en un pays lointain,
Ce doux ciel, ces beaux champs qu'on nomme l'Italie,
Laissent place en ton cœur à la mélancolie!
Ah! par saint Wladimir! mes regards enchantés
Se retracent encor tant de vastes cités,
Des immenses palais l'étonnante structure,
Les prés, les bois, les fleurs, l'éclat de la verdure;
Ce souvenir m'enivre, et de ces beaux climats
Le parfum m'accompagne au sein de nos frimas.

FÉDOR.

Eh bien! de ces palais, merveilles ignorées,
Dont l'aspect embellit ces lointaines contrées,

Bientôt d'habiles mains orneront nos remparts :
Moscou verra briller ce qu'on nomme des arts.
Mais dans ce beau pays, où m'entraînait un maître,
J'observais un tableau plus étonnant peut-être.
Ainsi que moi, Blaskoff, dans ces fertiles champs,
Du joyeux laboureur entendais-tu les chants ?
Ces chants retentissaient jusqu'au fond de mon âme !
Il ne vit point courbé sous un bâton infâme ;
Du maître qui l'opprime il peut se séparer ;
On ne lui marque pas l'air qu'il doit respirer ;
Le sillon qu'il creusa peut être son domaine !
Le serf à ses enfants ne lègue que sa chaîne.
Quels sentiments amers, quels pensers douloureux
M'assiégeaient, à l'aspect de ces peuples heureux !
En voyant ce qu'ils sont, j'ai vu ce que nous sommes.
Esclave, avec chagrin je contemplais des hommes.

BLASKOFF.

Chasse de tels pensers : qu'en veux-tu faire ici ?

FÉDOR.

L'heureux enfant du Nord jadis fut libre aussi !
Il n'était pas vendu comme une marchandise ;
Il pouvait posséder le sol qu'il fertilise ;
Dans les trésors d'un maître il n'était pas compté...
Mon aïeul à mon père autrefois l'a conté ;
Je m'en souviens.

BLASKOFF.

Ces temps sont loin de nous.

FÉDOR.

Qu'importe?

BLASKOFF.

Qui peut changer le sort ?

FÉDOR.

Une volonté forte.

BLASKOFF.

Silence !

SCÈNE II.

BLASKOFF, THÉBALDO, FÉDOR, ESCLAVES.

THÉBALDO.

Eh quoi ! toujours l'air sombre et soucieux !
Tout semble fait ici pour attrister mes yeux :
Les usages, le ciel, le pays et les hommes !
Pourquoi ce front chagrin ?

FÉDOR.

Vous savez qui nous sommes,
Et vous le demandez !

THÉBALDO.

Dès qu'a brillé le jour,
J'ai couru m'égarer dans les champs d'alentour :
Là mon œil s'élançait vers cette Moscovie,
Cette terre où des arts, doux charme de la vie,
Ma main va la première agiter le flambeau.

FÉDOR.

Pourquoi dès le matin sortir de ce château ?
Lorsqu'à peine il fait jour, pourquoi courir la ville ?

Quand on n'a pas de maître on peut dormir tranquille.
Vous êtes libre, vous.

THEBALDO.

Et ne savez-vous pas
Quels devoirs glorieux guident ici mes pas ?
Loin de mon beau pays quel noble orgueil m'entraîne ?
Votre maître, envoyé par votre souveraine,
Pour un peuple sauvage est venu sur nos bords
Du savoir en son nom réclamer les trésors.
Il parle ! Je m'arrache à ma chère Italie ;
Et bientôt par mes mains cette terre embellie
Accueillera les arts nés sous des cieux lointains.
Ah ! l'homme qu'on appelle à de si hauts destins
Doit veiller, les regards attachés sur l'histoire :
Ce qu'il donne au repos est perdu pour la gloire !

BLASKOFF.

La gloire ! Que dit-il ? Le comprends-tu, Fédor ?

FÉDOR.

Non.

THÉBALDO.

Près de moi bientôt prenant un noble essor,
Vos cœurs à ce seul mot s'enflammeront peut-être.
Des arts que m'enseigna Michel-Ange, mon maître,
J'allumerai pour vous les flambeaux créateurs.
S'élevant sous mes yeux, architectes, sculpteurs,
De l'ignorance un jour briseront les entraves.
La gloire vous attend.

FÉDOR.

Serons-nous moins esclaves ?

THÉBALDO.

Votre sort peut changer. Veuve de Vassili,
Hélène veut, dit-on, dérober à l'oubli
Cet empire naissant dont ses mains souveraines
A l'orgueil des boïards ont arraché les rênes.
Pour servir ses desseins, votre maître, à ma voix,
De votre joug bientôt allégera le poids.
Des mœurs qu'il observa sur de plus doux rivages,
Le souvenir le suit dans ces climats sauvages.
A ce bienfait des arts l'amour joindra les siens.
Olga, vous le savez, aux champs italiens
Fit chérir son pouvoir à son âme charmée;
Jeune orpheline, aimant autant qu'elle est aimée,
Elle abandonna tout pour se donner à lui :
Son empire innocent deviendra votre appui.
Oui, pour vous désormais des jours heureux vont naître :
Obolenski l'adore...

FÉDOR.

Il la vendra peut-être.

THÉBALDO.

Qu'entends-je!

FÉDOR.

Nous l'aimons, elle est bonne, et toujours
Nous prîrons saint Neuski de veiller sur ses jours :
Mais au joug d'un boïard elle s'est enchaînée.
Et vous qui nous parlez d'une autre destinée!
Des beaux-arts, dont ici vous vantez les bienfaits,
Savez-vous donc pour nous quels seront les effets?
Augmenter nos travaux et prolonger nos veilles.

Nos mains vous aideront à créer des merveilles ;
Heureux de vos succès vous vous enrichirez ;
Nos maîtres dormiront sous des lambris dorés :
Mais nous, dans tous ces biens entrons-nous en partage?
Rendra-t-on moins amer le pain de l'esclavage?
Verra-t-on en pitié nos maux et nos besoins?
Non : des travaux de plus, pas un malheur de moins !
Tel est notre avenir ! Eh bien ! il faut qu'il change ;
Que le serf, à la fin, s'affranchisse et se venge.
Naguère, mes amis, dans des climats lointains
Nos yeux avec douleur ont vu d'autres destins :
Le sort de l'homme libre excita notre envie !
Demain nous rentrerons dans notre Moscovie :
Il faudra de nos maux recommencer le cours,
Au bâton d'un esclave abandonner nos jours !
Quand l'hiver du Volga vient attrister les rives,
Le pied du voyageur foule ses eaux captives ;
Mais le printemps renaît, et le fleuve irrité
Rompt sa chaîne de glace et roule en liberté !
Pour nous point de printemps, pour nous point d'espérance!
Il ne luit pas le jour de notre délivrance !
Pourquoi fouler encor le sol où je gémis?
Ma patrie est aux lieux où je suis libre! Amis,
De l'empire d'Hélène un seul jour nous sépare :
Profitons-en, restons dans les champs du Tartare ;
Là chacun jouira des fruits de son travail ;
On ne vous vendra plus ainsi qu'un vil bétail,
Nous nous appartiendrons.

BLASKOFF.

Fédor ! qu'oses-tu dire !

FÉDOR.

Je suis las de mon sort : c'est assez le maudire ;
J'en veux changer ! Amis, me seconderez-vous ?

ESCLAVES.

Oui, oui !

FÉDOR.

Qu'Obolenski s'éloigne donc sans nous !
Nos malheurs sont communs, un seul vœu nous rassemble:
S'il veut nous retenir dans sa chaîne, qu'il tremble !

THÉBALDO.

Ah ! par saint Stéphano ! que viens-je faire ici !
Quels hommes !

SCÈNE III.

BEATRIX, THÉBALDO, BLASKOFF, OLGA, FÉDOR, ESCLAVES.

OLGA.

Qu'avez-vous ! qu'entends-je !

THÉBALDO.

Ah ! vous voici !
Prêtez-moi, belle Olga, le secours de vos charmes :

De la raison contre eux j'emploie en vain les armes;
Je leur parle de gloire, ils ne m'entendent pas!
D'Obolenski, demain, loin de suivre les pas,
Ils veulent pour jamais abandonner leur maître.

OLGA.

Ce projet insensé, quel motif l'a fait naître?
Répondez, mes amis, je le veux!.... Quelquefois
Vos chagrins adoucis se calment à ma voix.
Contez-moi vos douleurs, pour que je les apaise.
Quels maux déplorez-vous?

FÉDOR.

Notre chaîne nous pèse.

OLGA.

Et vous voulez subir un éternel exil?
Quitter une patrie?

FÉDOR.

Un esclave en a-t-il?

OLGA.

Abjurez, mes amis, une injuste colère:
Là, vous avez reçu les baisers d'une mère;
Là, des vœux inquiets pressent votre retour.
L'amitié vous attend, et peut-être l'amour!
Et vous pourriez les fuir! Hélas! infortunée,
Je ne saurai jamais sur quels bords je suis née:
Mais qu'on doit les aimer! qu'ils semblent beaux les lieux
Où nos premiers regards ont salué les cieux;
Où l'on a d'une mère éveillé la tendresse;
Les lieux où l'on reçut la première caresse!
Ce sentiment sacré veille au fond de vos cœurs.

FÉDOR.

Sans doute.

OLGA.

Si le sort eut pour vous des rigueurs,
On peut les adoucir. Ecoutez : votre maître,
Que vous vouliez quitter, qu'on menaçait peut-être,
Il vous aime ; à vos maux il compatit, Fédor !
Hier, il me disait : « Olga, reçois cet or,
« Entre mes compagnons que ta main le partage :
« Mes dons, offerts par toi, leur plairont davantage ;
« Je veux que mes bienfaits assurent leur bonheur,
« Qu'ils bénissent un jour le nom de leur seigneur ! »
Moi, je vous l'apportais, cet or qu'il vous destine :
Prenez-le, mes amis, des mains de l'orpheline ;
Le voilà !

FÉDOR.

Notre maître ! Est-il vrai !

OLGA.

Que du moins
Vos femmes, vos enfants, ignorent les besoins.
Votre absence déjà leur a coûté des larmes.
Que pour vos cœurs émus leur joie aura de charmes !
Heureux de leur bonheur, pressés contre leur sein,
Comme vous rougirez d'un coupable dessein !
Et moi, qui, sur ces bords par l'amour entraînée,
Serai bientôt conduite aux autels d'hyménée,
Peut-être, de vos maux chassant le souvenir,
Pourrai-je quelque jour changer votre avenir.
Mon époux à mes vœux ne sera pas rebelle,

Et cette liberté qui vous paraît si belle
Dans votre humble cabane avec moi descendra.

FÉDOR.

Ainsi, notre travail ?

OLGA.

Il vous appartiendra !
Vous serez affranchis, c'est moi qui vous le jure,
Oui... Mais plus de complots ! Votre cœur les abjure,
N'est-il pas vrai, Fédor ?

FÉDOR.

A des accents si doux
Comment résisterait le plus juste courroux ?
Ange de paix, qu'un Dieu conduit sur ce rivage,
Tu nous consolerais même de l'esclavage !
Vois nos cœurs désormais céder à ton pouvoir.
Tu promets le bonheur en apportant l'espoir :
Nous l'acceptons ! Ta main relèvera nos têtes.
Pour toi dans nos hameaux les couronnes sont prêtes :
Car nous te devrons tout ! Quels bienfaits, quel trésor
Valent la liberté ?

BLASKOFF.

Parle en ton nom, Fédor !
Je prétends vivre, moi, comme a vécu mon père :
Je jouis des bons jours ; et, les mauvais, j'espère.
A l'abri des soucis, contre un sort incertain
Je ne changerai pas mon paisible destin.
Chercher la liberté ! moi ! jamais ! Qu'en ferai-je ?
Mon maître me nourrit, son pouvoir me protége ;
Dans les temps malheureux il me doit ses secours ;

Je suis sûr de trouver du pain dans mes vieux jours :
Que me faut-il de plus ?

FÉDOR.

Insensé ! quel langage !

BLASKOFF.

L'avenir montrera qui de nous deux est sage.

OLGA.

Si Dieu daigne exaucer le plus cher de mes vœux,
Quelque jour, mes amis, vous serez tous heureux.
Allez, sur votre sort Olga veille ! Peut-être
Le noble Obolenski dans ces lieux va paraître :
Laissez-moi. Thébaldo, veuillez suivre leurs pas,
Parlez-leur d'espérance, et ne les quittez pas.

SCÈNE IV.

OLGA, BÉATRIX.

—

OLGA.

As-tu vu leur fureur ! Hélas ! je tremble encore !
Ma chère Béatrix, que leur maître l'ignore !
Jaloux de son pouvoir, il sévirait contre eux.
Puissé-je prévenir des ordres rigoureux !

BÉATRIX.

Votre voix sur son âme exerce un doux empire,
Vous savez le calmer.

OLGA.

C'est le but où j'aspire.
Oh ! combien son aspect attira nos regards,
Lorsque s'offrit à nous cet enfant des boïards !
On m'avait peint souvent leur âpreté hautaine :
Mais lui, comblé d'honneurs par la tsarine Hélène,
Par le Grec Boscaris dans sa cour façonné,
Il semble démentir le sang dont il est né ;
Et pourtant, Béatrix, sous l'éclat qui le pare,
On voit parfois percer la rudesse tartare.
C'est à moi d'achever ce qu'on a commencé.
Mais ne l'irritons pas : son orgueil offensé
Ne pardonnerait point à de pauvres esclaves
D'avoir en murmurant secoué leurs entraves.
Que faire, s'ils osaient se révolter encor ?
Comment les apaiser ? Hélas ! je n'ai plus d'or :
Je leur ai tout donné.... Ce bracelet me reste...
On m'a dit qu'autrefois, dans un jour bien funeste,
Une main protectrice en a paré mon bras....
Je l'ai porté douze ans, prends-le, tu le vendras :
Qu'au moins, si l'on menace encore celui que j'aime,
Je puisse le sauver. Mais on vient : c'est lui-même.
Eloigne-toi.

SCÈNE V.

OLGA, OBOLENSKI, une lettre ouverte à la main.

OBOLENSKI, à part.

Que vois-je! Ah! cachons cet écrit.

Haut.

C'est vous! Déjà levée, Olga!

OLGA.

De mon esprit
J'avais peine à calmer la vague inquiétude.
Quand on se sent coupable, on craint la solitude;
La nuit m'a paru longue, et j'allais te chercher.

OBOLENSKI.

Coupable! vous!

OLGA.

Oh oui! Pourquoi te le cacher?
Ton Olga, loin de toi, se fait plus d'un reproche.

OBOLENSKI.

Qu'entends-je!

OLGA.

Mon chagrin s'efface à ton approche!
J'ai besoin de te voir sans cesse auprès de moi:
Mon bonheur, mon pays, mon univers, c'est toi!
Comment m'as-tu cherchée en cet obscur asyle

Où s'écoulait ma vie inconnue et tranquille !
Je vivais seule au monde, et je ne comprends pas
Quel hasard près de moi put conduire tes pas;
Comment Obolenski, placé, par sa naissance,
Dans un rang entouré d'honneurs et de puissance,
Sur moi, pauvre et sans nom, daigna jeter les yeux.
Mais lorsque, t'assiégeant de regards curieux,
La foule, à ton aspect, étonnée, interdite,
Pressait, environnait le guerrier moscovite,
Je voyais sa surprise, et sans la partager :
Tu ne me semblais pas tout-à-fait étranger.
Est-ce l'ange maudit, ou la sainte Madone
Qui m'inspira l'amour où mon cœur s'abandonne ?
Qui plaça tant de charmes en tes moindres discours,
Et contre leur pouvoir me laissa sans secours ?
De celle qui jadis éleva mon enfance
Méprisant les conseils et bravant la défense,
Sans force contre toi, je t'ai seul écouté :
Tu m'as dit de te suivre, et moi j'ai tout quitté !

OBOLENSKI.

Je le sais.

OLGA.

A ton sort je me suis enchaînée.
Mais quand s'allumeront les flambeaux d'hyménée ?
Depuis notre départ j'ai compté bien des jours,
Et Dieu n'a point encor consacré nos amours.
Pourquoi n'ai-je pas vu s'accomplir ta promesse ?
Dis-moi que tu prendras pitié de ma faiblesse :
Que tu m'arracheras à mes tourments secrets.

OBOLENSKI.

Vous doutez de mon cœur !

OLGA.

En douter !.... je mourrais !

OBOLENSKI.

Eh bien ! rassure-toi.

OLGA.

Surtout ne va pas croire
Qu'un vain orgueil m'anime ! Oh non ! toute ma gloire
Est de t'aimer, de voir mes jours unis aux tiens.
Si ton rang te défend d'avouer nos liens,
Cache à tous les regards que je suis ton épouse.
Des splendeurs de ce rang je ne suis point jalouse;
Le ciel connaîtra seul mon titre et mon bonheur.
Je ne demande rien ! rien !... que la paix du cœur.

OBOLENSKI.

Comment veux-tu qu'ici notre hymen se prépare ?
Vois, nous sommes encor sur le sol du Tartare.
Demain je reverrai mon pays.

OLGA.

Oh ! pourquoi
Ne puis-je, en y songeant, surmonter mon effroi ?
Il me semble, en marchant vers cette Moscovie,
Laisser derrière moi mon bonheur et ma vie.
Celle qui m'éleva connaissait ton pays ;
Elle y vécut long-temps !.... Que de fois ses récits
Des princes de Moscou m'ont raconté l'histoire !
Leurs crimes, leurs combats vivent dans ma mémoire.
Hélène est sur le trône, et souvent on m'a dit

Que, tremblant sous son joug, le peuple la maudit :
On accuse son règne, et même l'on assure
Que, des nobles boïards éveillant la censure,
Ses nombreuses amours...

OBOLENSKI.

Olga, vous m'offensez !
Oubliez à jamais des discours insensés.
Jusqu'au trône souvent monte la calomnie.
Hélène à nos respets a droit par son génie :
Son empire agrandi, ses drapeaux triomphants,
Nos steppes fécondés...

OLGA.

Comme tu la défends !
Tu l'aimes donc beaucoup?

OBOLENSKI.

Elle est ma souveraine.

OLGA.

Il me semble, à son nom, que je connais la haine !

OBOLENSKI.

La haine ! Quel discours !... Faut-il qu'à chaque pas
De nouvelles terreurs....

OLGA.

Oh ! ne me gronde pas !
Ma vie est de t'aimer, mon bonheur de te plaire ;
Je ne crains rien au monde autant que ta colère.
Je ne me plaindrai plus ; apaise-toi ; je pars.
Mais ne voulez-vous point adoucir vos regards ?
Je ne vous vis jamais si sévère et si triste.
Eh quoi ! vous vous taisez ! votre cœur me résiste !

Adieu!.... Mais, croyez-moi, sur ce front irrité
Je saurai, malgré vous, rappeler la gaîté.

Elle sort.

SCÈNE VI.

—

OBOLENSKI, seul.

Il reste quelques moments silencieux, et paraît abymé dans ses réflexions.

Non! il faut obéir! il le faut!... Quel voyage!
Je croyais en partant avoir plus de courage!
Hélène a commandé, j'ai promis!... Je l'aimais!
Je dois l'aimer encor! Puis-je oublier jamais
Ses droits à ma tendresse, à ma reconnaissance!
Déposant près de moi l'orgueil de sa puissance,
Elle n'a point fermé son cœur à mon amour;
Comblé de ses bienfaits, je règne dans sa cour.
Mais cette jeune Olga, si naïve, si belle!
Je sens que malgré moi je rougis devant elle;
Son sourire enchanteur, sa voix, son doux regard,
Tout aigrit mes tourments! Que faire? Il est trop tard!
Il le faut envoyer, cet écrit qui d'Hélène
Va satisfaire enfin l'espérance et la haine.

Il lit.

« J'ai traversé les mers; la jeune Olga demain
« De notre Moscovie aura pris le chemin.
« Vos ordres sont remplis, et j'arrive avec elle.
« Mais, pour l'attirer sur nos bords,
« Qu'il m'a fallu de soins! quels pénibles efforts
« L'obéissance a coûtés à mon zèle.
« La force eût été sans pouvoir :
« Les lois protégeaient sa faiblesse;
« Et, pour accomplir votre espoir,
« Il a fallu me rappeler sans cesse
« En quels termes Hélène a dicté mon devoir.
« — Partez, m'avez-vous dit, pour un lointain voyage:
« De votre dévoûment j'exige encor ce gage.
« Allez, Obolenski: Florence dans ses murs
« Depuis long-temps cache une jeune fille,
« Qui, sous le nom d'Olga, sans appui, sans famille,
« M'a dérobé sa vie et ses destins obscurs.
« Il faut que sous ma loi désormais elle vive:
« Mon bonheur en dépend. Je veux qu'elle vous suive;
« Qu'elle quitte avec vous son paisible séjour;
« Qu'à vos séductions son âme s'abandonne.
« Si pour la décider il faut feindre l'amour,
« Hélène le permet, la tsarine l'ordonne,
« Et le bonheur vous attend au retour. »
« — Tel fut votre ordre: il y fallut souscrire!
« A rougir désormais vous m'avez condamné!
« Pour entraîner Olga jusque dans votre empire,
« J'ai feint l'amour.... vous l'aviez ordonné.....

« Elle me suit sans défiance.
« A l'espoir des grandeurs son cœur est étranger ;
« Elle ignore son nom, son rang et sa naissance :
« Que ses jours inconnus s'écoulent sans danger,
« A l'ombre de votre puissance ! »

Il est donc vrai ! mon cœur, de remords abattu,
Le feignit, cet amour !.... Malheureux ! que dis-tu !
Ah ! ne jetons jamais un regard en arrière !
Ma vie au joug d'Hélène appartient tout entière ;
Son pouvoir est mon Dieu, ses désirs sont ma loi :
Elle a daigné m'aimer, je ne suis plus à moi.
Yvan, Blaskoff, ici !

SCÈNE VII.

OBOLENSKI, BLASKOFF, YVAN.

BLASKOFF.

Maître, que faut-il faire?
Nous voilà.

OBOLENSKI.

M'écouter, m'obéir, et se taire.
Yvan, prends cet écrit, monte à cheval, et pars.
Mon nom vers la tsarine ouvre un libre passage :
A ses augustes pieds dépose ce message.

Songe bien que demain il doit être rendu.
Va, cours ; tu me connais, et tu m'as entendu.

Yvan s'incline, prend le rouleau et sort.

SCÈNE VIII.

OBOLENSKI, BLASKOFF.

BLASKOFF, *à part.*

Comme il paraît troublé!

OBOLENSKI.

Que fais-tu là?

BLASKOFF.

Peut-être
Mes chants dissiperaient les ennuis de mon maître :
Vous daignez quelquefois recourir à mes soins.

OBOLENSKI.

Non, dans un autre instant.

BLASKOFF.

Ah! permettez du moins
Qu'un de vos humbles serfs ose vous rendre grâces.

OBOLENSKI.

De quoi?

BLASKOFF.

De vos bienfaits.

OBOLENSKI.

Qu'est-ce donc? tu me lasses.
Que veux-tu dire?

BLASKOFF.

Olga, tantôt, en votre nom,
Nous apporta de l'or. Vous l'aviez voulu?

OBOLENSKI.

Non!
Mais pourquoi donc cet or? Parle, je te l'ordonne.
Quel mystère?

BLASKOFF.

A vos serfs que saint Neuski pardonne :
Sans doute un mauvais ange égarait leurs esprits.

OBOLENSKI.

Qu'ont-ils fait?

BLASKOFF.

Maître!...

OBOLENSKI.

Eh bien?

BLASKOFF.

Ils voulaient à tout prix
Être libres, quitter leur pays et leur maître.

OBOLENSKI.

Et c'est Olga?...

BLASKOFF.

Sans elle, ils vous tuaient peut-être;
Mais qui peut résister à ses touchants discours?

OBOLENSKI.

Ils seront châtiés.

BLASKOFF.

Elle a sauvé vos jours.
Au seul son de sa voix leur fureur s'est calmée.

OBOLENSKI.

Que je souffre !

BLASKOFF.

Oh ! combien elle a droit d'être aimée !
Quand la mer menaçait de nous engloutir tous,
La belle et tendre Olga ne tremblait que pour vous;
Songeait à vos périls, et non pas à sa vie !
Mais nous allons revoir les champs de Moscovie,
Et son bonheur...

OBOLENSKI.

Va-t'en.

BLASKOFF.

Maître...

OBOLENSKI.

Sortiras-tu !

Se jetant sur un siége.

Elle ! sauver mes jours !

BLASKOFF, *à part.*

Comme il est abattu !
Sortons.

SCÈNE IX.

—

OBOLENSKI, BOSCARIS, ESCLAVES.

OBOLENSKI, se levant.

Quel est ce bruit ?

BOSCARIS, entrant.

Esclaves, qu'on me suive !

OBOLENSKI.

Que vois-je! Boscaris !

BOSCARIS.

C'est moi-même; j'arrive:
La tsarine m'envoie au-devant de tes pas.
A te trouver sitôt je ne m'attendais pas.

OBOLENSKI.

Hélène!

BOSCARIS.

Quel bonheur lui rendra ta présence !

OBOLENSKI.

Le crois-tu, Boscaris ! Toi qui, né dans Byzance,
Loin des murs où régnaient Mahomet et la mort,
Vins chercher des chrétiens sous les glaces du Nord :
Toi dont notre tsarine accueillit la détresse,
Tu m'as fait oublier. Des enfants de la Grèce
On connaît le pouvoir sur tous les cœurs séduits !

BOSCARIS.

Je lui parlais de toi pour calmer ses ennuis.
Moi seul, je l'avoûrai, dans cette cour sauvage,
Quand les flots t'emportaient vers un lointain rivage,
Par mes doctes récits j'embellissais des jours
Si longs en ton absence, et près de toi si courts.
Guidés par mes leçons, et franchissant l'espace,
Sur les mers avec moi ses yeux suivaient ta trace.
Quels étaient ses plaisirs, quand je lui racontais
L'histoire des pays qu'alors tu visitais !
Dans ces doux entretiens elle trouvait des charmes ;
Ma voix la consolait, et j'essuyais ses larmes.

OBOLENSKI.

Ami !...

BOSCARIS.

De mes succès ne sois point offensé :
Boscaris ne t'a pas tout-à-fait remplacé.

OBOLENSKI.

Cesse un pareil langage.

BOSCARIS.

Ah ! j'entends ! du mystère !
On doit, amant heureux, soupirer et se taire !
Les voyages lointains, unis à mes leçons,
T'ont formé, je le vois.

OBOLENSKI.

Boscaris, finissons !
Je suis las !...

BOSCARIS.

Quel courroux de ton âme s'empare !

Prends garde, Obolenski, tu redeviens Tartare.

OBOLENSKI.

Sans doute la tsarine, en t'envoyant vers moi,
T'a chargé d'un message?

BOSCARIS.

Elle tremblait pour toi.
Des dangers, des complots menacent son empire :
Belski, ce vieux boïard qui sans cesse conspire,
Qui, proscrit, vit passer ses trésors dans ta main,
Se réveille, et de Kioff a repris le chemin;
Par l'espoir aujourd'hui sa haine ranimée
Suscite contre nous les hordes de Crimée.
Pour ton retour Hélène a craint quelque danger :
Suivi de cent strélitz, je viens le protéger.

OBOLENSKI.

Je te rends grâce, ami.

BOSCARIS.

Ce n'est pas tout encore :
Hélène de ses dons veut que je te décore ;
Je t'apporte, en son nom, la pelisse d'honneur.

OBOLENSKI.

Que dis-tu!

BOSCARIS.

Tes rivaux envîront ton bonheur!
Mais il faut qu'avec moi tu poursuives ta route.
La tsarine en tremblant compte les jours.

OBOLENSKI.

Sans doute,

A part.

Je le dois. Pauvre Olga!

SCÈNE X.

BOSCARIS, OBOLENSKI, OLGA, FÉDOR, BLASKOFF, BÉATRIX, THÉBALDO, ESCLAVES.

OBOLENSKI, aux esclaves.

Qui vous appelle ici ?

OLGA.

C'est moi.

OBOLENSKI.

Que voulez-vous ?

OLGA.

Mes soins ont réussi :
Grâce à moi, tout est prêt pour le départ.

OBOLENSKI.

Qu'entends-je !

OLGA.

Ce matin vous m'avez grondée, et je me venge.

OBOLENSKI.

Que dites-vous ?

OLGA.

Oh oui ! vous étiez irrité :
Je l'ai vu ! Ce courroux, je l'avais excité
Par les craintes qu'ici tantôt j'ai fait paraître,
Au seul nom du pays où Dieu vous a fait naître.
Aussi, j'ai résolu d'expier mon erreur :

Mon cœur a triomphé de sa folle terreur.
Obolenski demain ici dut être encore....
Demain dans sa patrie il salûra l'aurore.

OBOLENSKI.

Comment, Olga ! c'est vous !

OLGA.

Oui, j'ai tout préparé.
Oubliez désormais l'effroi que j'ai montré ;
Suivez-moi. Du télégue, au pied de la colline,
Entendez-vous tinter la clochette argentine ?
Il n'attend plus que vous, et, prompts comme le vent,
Les chevaux.....

OBOLENSKI.

Non, Olga, n'allons pas plus avant !
Demeurons en ce lieu!

BOSCARIS, à part.

Que dit-il !

OBOLENSKI, à part.

Je m'égare !

OLGA.

Voulez-vous donc punir un tort que je répare ?
De présages menteurs un moment obsédé,
A ses pressentiments si mon cœur a cédé,
J'implore mon pardon ; il faut que je l'obtienne !
De mon Obolenski la patrie est la mienne ;
Partout aveuglément je veux suivre ses pas:
Le malheur n'est qu'aux lieux où je ne le vois pas.

OBOLENSKI.

Le malheur !... Puisse-t-il ne jamais vous atteindre !

OLGA.

Auprès de mon ami que puis-je avoir à craindre !

BOSCARIS, à part.

Son ami !... Quel mystère !... Il semble embarrassé !
Il aime !... Je triomphe, et son règne est passé.

A demi-voix à Obolenski.

Quelle est donc cette femme?

OBOLENSKI.

Une jeune orpheline.

BOSCARIS.

Tu la présenteras sans doute à la tsarine.

OBOLENSKI.

Peut-être.

BOSCARIS.

Qu'elle aura de plaisir à la voir !

OBOLENSKI.

Boscaris, je devine, et comprends ton espoir.

BOSCARIS.

Obolenski, voilà ta plus belle conquête.
Mais le temps passe, ami ; partons, qui nous arrête?

S'approchant d'Olga.

Tendre fleur dérobée à de plus doux climats,
Venez d'un sol inculte embellir les frimas.
Allons !

OLGA.

Oui : mais que vois-je aux mains de cet esclave?

BOSCARIS.

La pelisse d'honneur, récompense du brave,
De la faveur des tsars gage cher et sacré !

OLGA.

Et c'est Obolenski qu'on en a décoré!

BOSCARIS.

Oui, sans doute, lui-même!

OLGA.

Oh! combien je suis fière!
Permettez que ma main attache la première
Cette noble parure.

OBOLENSKI.

Olga, que faites-vous!

OLGA.

Ne me résistez pas, et ployez les genoux.

Elle attache la pelisse.

C'est très bien!... Maintenant, partons.

OBOLENSKI, à part.

Infortunée!

BOSCARIS, à part.

Ah! pour cette orpheline, Hélène abandonnée
Vengera son outrage, et j'espère bientôt...

OLGA, à Obolenski, rêveur et immobile.

Je vous attends.

OBOLENSKI.

Ah! oui!

OLGA.

Venez donc.

OBOLENSKI, à part.

Il le faut!

Les portes du fond s'ouvrent. On voit les esclaves, les strélitz. Tout le monde s'achemine pour le départ.

FIN DU PREMIER ACTE.

ACTE II.

Le théâtre représente une salle d'un palais moscovite. Une porte au fond ; une de chaque côté ; celle qui tient la gauche du spectateur conduit à l'appartement d'Olga. — Au lever du rideau, Olga et Béatrix sont assises sur un canapé de bois couvert de cuir, et placé à gauche ; des femmes esclaves sont groupées derrière ce siége. Les hommes occupent le milieu de la scène et le côté droit du spectateur.

SCÈNE Ire.

—

BÉATRIX, OLGA, BLASKOFF, THÉBALDO,
FEMMES MOSCOVITES, ESCLAVES.

THÉBALDO.

Voilà donc en ces lieux ce qu'on nomme un palais !
O Michel-Ange !

OLGA.

Eh bien ! c'est à vous désormais
Qu'appartiendra l'honneur d'embellir ces contrées,
Des arts, qui nous sont chers, si long-temps ignorées.
Blaskoff, c'est donc ici que votre maître est né ?

BLASKOFF.

Oh ! non vraiment. Jadis, à mourir condamné,
Belski, notre seigneur, fuyant la Moscovie,
Près des murs de Kasan courut cacher sa vie.

Au noble Obolenski notre tsarine alors
Du proscrit fugitif livra tous les trésors :
Nous en faisions partie, et ses ordres peut-être
Nous donneront bientôt à quelque nouveau maître.

OLGA.

Kioff, où l'on dit qu'Hélène a transporté sa cour,
N'est pas loin de ses lieux ?

BLASKOFF.

On y va dans un jour.

OLGA.

Puissé-je ne jamais franchir cette distance !

BLASKOFF.

Vous voulez près de nous passer votre existence :
A vos moindres désirs vous nous verrez soumis,
Nous sommes tous vos serfs.

OLGA.

Vous êtes mes amis.

BLASKOFF.

Avant que dans ce lieu revienne notre maître,
Si vous vouliez.....

OLGA.

Quoi donc ?

BLASKOFF.

Je leur ai fait connaître
De vos accents si doux le magique pouvoir ;
Je leur ai raconté que bien souvent, le soir,
Sur les bords de l'Arno votre voix inspirée
Célébrait devant nous cette heureuse contrée.
Vos accents dans les cœurs endorment les chagrins.

Nous, de notre pays nous dirons les refrains.

OLGA.

Improviser!... ici! Mais le pourrai-je encore?

BLASKOFF.

Ne nous refusez pas.

OLGA, à Beatrix.

Béatrix, ta mandore.

« Salut, riant pays, beau ciel, sol parfumé,
« Où tout respire la tendresse,
« Où la douleur s'endort, où l'on est mieux aimé;
« Champs heureux, où l'air embaumé
« A la douceur d'une caresse

—

« Jusqu'aux bords de l'Arno suivons l'étroit sentier
« Que couvre l'aloès de son ombre odorante;
« Le soleil jette encore une clarté mourante
« Sur les fruits d'or du citronnier.
« Voici le soir, faisons silence!.....
« J'entends le rossignol qui chante et se balance
« Sur les branches de l'églantier.

—

« Mais au son de la mandoline
« Le villageois descend de la colline,
« Et les échos joyeux répètent sa chanson.
« De ses fleurs au passant il jette les offrandes;

« Il charge de festons, il couvre de guirlandes
« Le char pesant qui traîne la moisson.

« Prodiguons-les, ces fleurs qui croissent sans culture.
« Jeune fille, orne-s-en ta noire chevelure :
« Tu les verras demain, renaissant sous tes pas,
« Livrer à la beauté sa nouvelle parure.
« Dépouillons cette terre, amour de la nature :
« Son sein, toujours fécond, ne s'épuisera pas.

« Salut, riant pays, beau ciel, sol parfumé,
« Où tout respire la tendresse,
« Où la douleur s'endort, où l'on est mieux aimé ;
« Champs heureux, où l'air embaumé
« A la douceur d'une caresse !

BLASKOFF.

Que ces accents sont doux! Mais vous versez des pleurs!
Qui peut troubler votre âme et causer vos douleurs?

OLGA.

Pardonnez ! d'un beau ciel je retraçais les charmes,
Et mes yeux malgré moi se sont mouillés de larmes.
Ici l'air est si froid, le ciel si rigoureux,
Qu'ils semblent attrister même les jours heureux !

BLASKOFF.

Eh bien ! auprès de nous oubliez l'Italie ;

C'est à nous d'égayer votre mélancolie.
Compagnons, que nos chants réjouissent son cœur :
Ecoutez ma ballade, et répétez en chœur.

BALLADE.

« Tressons l'écorce du bouleau :
« Le vent siffle et durcit la neige ;
« Réparons mon léger traîneau,
« Et que saint Neuski me protége !

« Sur la glace il faudra demain
« Glisser, et faire un long chemin
« Pour retrouver ma fiancée.
« L'acier du magique miroir
« A minuit me fera savoir
« Si j'occupe encor sa pensée.

« Tressons l'écorce du bouleau, etc.

« Le charme opère, je la vois !
« Le fuseau tourne entre ses doigts,
« Elle attend le jour qui va naître.
« Tu pleures, ton fil s'est cassé !.....
« Chante, demain ton fiancé
« Viendra frapper à ta fenêtre.

« Tressons l'écorce du bouleau, etc.

OLGA.

Arrêtez ! Ces refrains m'étaient-ils inconnus ?
Oh ! non, je crois déjà les avoir entendus ;
Un vague souvenir dans mon esprit s'éveille.
Jadis cette ballade a charmé mon oreille :
Une femme en chantant m'endormait dans ses bras !...
Aurais-je donc déjà vécu dans ces climats ?
Des rives de l'Arno vers ces bords amenée,
Leur aspect en effet ne m'a pas étonnée !
On a frappé, Blaskoff!.....

BLASKOFF.

J'y cours.

Il sort.

OLGA.

Par quel moyen

A Blaskoff.

Pourrai-je découvrir ?..... Qui frappait ?

BLASKOFF.

Ce n'est rien,
C'est un juif, un marchand, qui, surpris par la neige,
Vous demande un abri.

OLGA.

Que ce toit le protége.
Sans doute il souffre ?

BLASKOFF.

Au froid il doit être endurci.

OLGA.

Il a froid ! Ah ! qu'il vienne, et se repose ici.

SCÈNE II.

BLASKOFF, THÉBALDO, OLGA, BELSKI, sous le costume d'un marchand, BÉATRIX.

OLGA.

Approchez ; sous ce toit je vous offre un asyle.

BELSKI.

Grand merci ! J'espérais arriver à la ville
Avant la fin du jour ; la neige m'a surpris.
J'y portais des bijoux, des fourrures de prix.
Ici jusqu'à demain il faudra bien attendre.
S'il est quelques objets que vous désiriez vendre,
Je les puis acheter.

OLGA.

Béatrix, tu l'entends !
Je te laisse avec lui : profite des instants ;
Vends-lui ce bracelet, inutile parure.
De tous ces malheureux, dont la douleur murmure,
Je voudrais aujourd'hui soulager les besoins :
Seconde mon désir, je me fie à tes soins.

Elle sort avec Thébaldo.

SCÈNE III.

BLASKOFF, BELSKI, BÉATRIX, ESCLAVES.

BLASKOFF.

Allons, de sa présence il faut que je profite.
Avance, juif maudit, et montre-moi bien vite
Quelques bijoux.

BELSKI.

A toi!

BLASKOFF.

Sans doute; pourquoi pas?
J'ai pour ma part hier reçu quelques ducats,
De Svetlana demain je veux parer les charmes.

BELSKI.

Laisse-moi.

BLASKOFF.

Quoi! pour nous tu n'as rien?

BELSKI.

J'ai des armes.

BLASKOFF.

Des armes! pourquoi faire?

BELSKI.

On parle de complots;
On prétend que Belski, s'indignant du repos,
A la tsarine encor va rapporter la guerre.

BLASKOFF.

Ma foi, de leurs débats je ne m'occupe guère :
Je suis né sur le sol où mes jours finiront,
Et j'appartiens à ceux qui le posséderont.

BELSKI.

Mais autrefois Belski fut ton seigneur et maître !
On me l'a dit au moins.

BLASKOFF.

Il a cessé de l'être,
Un autre me nourrit.

BELSKI, à part.

Misérable !

BÉATRIX.

Écoutez :
Nous pourrons tous les deux, si vous y consentez,
Faire un marché.

BELSKI.

Je suis tout prêt à vous entendre.

BÉATRIX.

Voyez ce bracelet : je désire le vendre.
Quel prix en offrez-vous ?

BELSKI, à part, regardant le bracelet.

Que vois-je !

BÉATRIX.

Oh ! c'est de l'or !

BELSKI.

Malheureuse, est-ce à toi qu'appartient ce trésor?

BÉATRIX.

Non, c'est à ma maîtresse.

BELSKI.

A cette jeune fille
Qui vient de s'éloigner?

BÉATRIX.

Oui... Voyez comme il brille.

BELSKI, à part.

Je ne m'abuse pas! Se pourrait-il! grand dieu!
Mais par quel coup du sort serait-elle en ce lieu!

Haut.

Parle: ce bracelet, ta maîtresse le porte
Depuis long-temps?

BÉATRIX.

Pourquoi?

BESKI.

Réponds!

BÉATRIX.

Que vous importe?

BELSKI.

Je veux la voir.

BÉATRIX.

Qui! vous!

BELSKI.

Je veux l'entretenir.

BÉATRIX.

Cette faveur...

BELSKI.

Ecoute! il la faut obtenir:
Son bonheur et sa vie en dépendent peut-être.

BÉATRIX.

Qu'entends-je !

BELSKI.

Tu promets ?

Oui !

BLASKOFF.

Voici notre maître.

Juif, il faut s'éloigner ; allons, viens avec nous.

BELSKI, à Béatrix.

Silence !

BÉATRIX.

Quel mystère !

BELSKI.

Adieu.

Belski prend le bracelet, et donne une bourse à Béatrix.

SCÈNE IV.

—

OBOLENSKI, BOSCARIS.

OBOLENSKI.

Retirez-vous.

Tous sortent.

Est-il vrai, Boscaris ? La tsarine....

BOSCARIS.

S'avance :

Je viens dans ton palais t'annoncer sa présence.

OBOLENSKI.

Pour voler à ses pieds, je pressais mon départ :
Me pardonnera-t-elle un moment de retard ?

BOSCARIS.

Ne crains rien : elle sait qu'après un long voyage,
Tu devais en ces lieux, placés sur ton passage,
Offrir un sûr asyle à la jeune beauté
Pour qui tu vas sans doute implorer sa bonté.
Un instant, il est vrai, j'ai craint que dans son âme
Un sentiment jaloux... elle règne... elle est femme !
Mais hier un message annonça ton retour :
Calme, elle m'a parlé de ce naïf amour
Qui conduisit Olga jusque dans son empire,
Et mes yeux sur sa bouche ont surpris un sourire.

OBOLENSKI, à part.

Je tremble !

BOSCARIS.

Aujourd'hui même elle a voulu la voir.
Elle vient.

OBOLENSKI.

Boscaris, je cours la recevoir.

BOSCARIS.

Garde-toi de trahir le rang de la tsarine :
Elle prétend, aux yeux de la jeune orpheline,
Se montrer inconnue, et seuls quelques boïards
Avec elle de Kioff ont quitté les remparts.
Ses désirs sont des lois ; songe qu'en ton domaine
Tu reçois une amie et non ta souveraine :
Telle est sa volonté.

OBOLENSKI.

Je saurai l'accomplir.

BOSCARIS.

Ton sort, heureux mortel, doit encor s'embellir !
Est-il un but si haut qu'il soit inaccessible ?
Non, pour toi désormais il n'est rien d'impossible !
De tes nombreux rivaux, de l'absence vainqueur,
Quel bonheur est le tien !

OBOLENSKI, à part.

S'il lisait dans mon cœur.

BOSCARIS.

J'entends du bruit, on vient.

OBOLENSKI.

A part.

C'est elle ! Du courage !

SCÈNE V.

OBOLENSKI, HÉLÈNE, BOSCARIS.

OBOLENSKI.

Souffrez qu'à vos genoux déposant mon hommage,
Tsarine auguste...

HÉLÈNE.

Ici craignez de me nommer.
Boscaris de mes vœux a dû vous informer ;

Je compte, Obolenski, sur votre obéissance :
Qu'on ignore en ce lieu mon nom et ma puissance.

OBOLENSKI.

Je vous obéirai.

HÉLÈNE.

Vous voilà de retour !
Et pour vous voir il faut que je quitte ma cour !
C'est mal !

OBOLENSKI.

Pardonnez-moi, j'allais à l'instant même...

HÉLÈNE.

On pardonne aisément à des sujets qu'on aime.
Je connais votre cœur, votre fidélité :
Vous ne me verriez pas si j'en avais douté.
J'ai reçu votre lettre hier : je suis contente ;
Vos succès, je l'avoue, ont passé mon attente.

OBOLENSKI, embarrassé.

Ah ! permettez !

HÉLÈNE.

Eh bien ! qu'avez-vous ? Nos remparts
Recevront de vos mains les merveilles des arts :
Je viens vous rendre grâce, et ma reconnaissance
Ne se bornera pas à cette récompense.
J'ai lieu de m'étonner !... Vous ne me parlez pas
De la jeune beauté qui suit ici vos pas ?
Je désire la voir, et, sans être connue,
Lire ses sentiments dans son âme ingénue.

OBOLENSKI.

Votre moindre désir est un ordre pour moi.

Mais vous voulez la voir, l'interroger, pourquoi?
Vous savez qu'elle doit au fond d'un monastère
Ensevelir sa vie obscure et solitaire!
Tel est son sort! De vous pourquoi la rapprocher?

HÉLÈNE.

J'entends! Mais vous, pourquoi vouloir me la cacher?

OBOLENSKI.

Qui? moi!

HÉLÈNE.

Vous-même!... Allez, Boscaris, qu'elle vienne!
Il faut que je la voie, et que je l'entretienne.
Qu'elle ignore mon rang.

OBOLENSKI.

Je vais....

HÉLÈNE.

Non, demeurez:
Boscaris suffira.

SCÈNE VI.

—

OBOLENSKI, HELÈNE.

HÉLÈNE.

Vos traits sont altérés!

OBOLENSKI.

Dois-je, si quelque trouble est entré dans mon âme,

Penser que la tsarine et s'étonne et me blâme?
Non! songez au devoir que vous avez dicté.
De tant d'attraits unis à tant de majesté
L'image, toujours chère à ma reconnaissance,
Consolait loin de vous les chagrins de l'absence.
Et pourtant il fallait, puisque vous l'ordonniez,
Qu'une autre eût mon hommage et me vît à ses pieds.
Jugez de mes combats, des regrets que j'éprouve !.....
Après de longs ennuis, j'arrive, je retrouve
Celle dont ma fortune atteste les bienfaits,
Sans pompe, sans éclat, plus belle que jamais;
Des plus hautes faveurs sa bonté me décore !
Mon trouble pourrait-il vous étonner encore ?

HÉLÈNE.

Je l'excuse, et je veux que des honneurs nouveaux
A vos pieds désormais jettent tous vos rivaux.
Mais je vois Boscaris; et sans doute...

OBOLENSKI.

C'est elle.

HÉLÈNE.

Ah ! je ne savais pas qu'elle fût aussi belle !

SCÈNE VII.

OBOLENSKI, HÉLÈNE, OLGA, BOSCARIS.

HÉLÈNE.

Approchez.

OLGA, à Boscaris.

Près de qui conduisez-vous mes pas?

HÉLÈNE.

Près de moi. Vous tremblez!

OLGA.

Je ne m'en défends pas.
J'éprouve en ce pays, où je naquis peut-être,
Une vague terreur dont mon cœur n'est pas maître.
Je suis une orpheline, et j'ai besoin d'appui.
Le noble Boscaris m'assure qu'aujourd'hui
Je dois en ce palais bénir votre présence:
Mon âme est disposée à la reconnaissance.

HÉLÈNE.

Je sais quel sentiment vous amène en ces lieux.
Obolenski m'est cher; j'ai voulu par mes yeux
Juger de ces attraits qui sur d'autres rivages
Ont enchanté sa vie et conquis ses hommages.
Je comprends qu'en effet vous l'ayez su charmer,
Qu'il ait été séduit.

OLGA.

Je n'ai su que l'aimer.

OBOLENSKI.

Cette jeune orpheline, ignorant sa naissance,
A droit à vos bontés. Sa naïve innocence,
Le charme de cet âge, où tout parle d'espoir,
Sur votre cœur sans doute exercent leur pouvoir.
Ne lui refusez pas l'appui qu'elle réclame.

HÉLÈNE.

Ce charme est, je le vois, tout puissant sur votre âme.

OBOLENSKI.

Pourriez-vous me blamer?

HÉLÈNE.

Qui? moi! j'aurais grand tort.
Le cœur d'Obolenski s'intéresse à son sort!
Quoi de plus naturel? — Répondez, jeune fille:
Vous n'avez donc jamais connu votre famille?

OLGA.

Non: j'ai passé ma vie en un pays lointain;
Celle qui m'éleva m'a caché mon destin.
Mais hier, en touchant cette terre glacée,
Un souvenir confus assiégea ma pensée;
J'ai cru me rappeler qu'un jour, loin de ces bords,
Un homme m'emporta!..... J'étais bien jeune alors,
Et des objets nouveaux eurent de ce voyage
Effacé promptement la fugitive image.

HÉLÈNE.

Regrettez-vous les lieux qu'on vous a fait quitter?

OLGA.

Auprès d'Obolenski, que puis-je regretter!

HÉLÈNE.

Mais on dit qu'en ces lieux d'innombrables merveilles
Enchantent tour à tour les yeux et les oreilles,
Que l'Italie enferme en ses doctes remparts
Des plaisirs inconnus à l'empire des tsars ?

OLGA.

Oui. Cet heureux séjour séduit l'âme ravie.
Sous un ciel embaumé j'y savourais la vie,
Un chef-d'œuvre naissait pour chacun de mes jours :
Là Pétrarque naguère a chanté ses amours ;
Là s'anime la toile et le marbre respire ;
Arioste sourit et joue avec sa lyre ;
Dante sous nos regards déroule les enfers :
Michel-Ange suspend un temple dans les airs ;
Là, pour toucher les cœurs animant la mandore,
L'amour prête un langage à la corde sonore :
Armé de ses pinceaux, Raphaël à nos yeux
Révèle un Dieu sauveur qui monte vers les cieux ;
Et l'âme, fécondée au souffle du génie,
S'enivre de parfums, de gloire et d'harmonie !

HÉLÈNE.

Ce tableau me séduit, je ne le cache pas :
Je conçois maintenant qu'en ces heureux climats
Tant de talents divers embellissent la vie.
Ces récits étonnants excitent mon envie !
Obolenski, vos soins me doivent seconder :
Imitons l'Italie ! Il faut sans plus tarder
De merveilles comme elle enrichir ce rivage,
Et nos serfs dès demain se mettront à l'ouvrage.

BOSCARIS, à part.

Que dit-elle! bon Dieu!

OLGA.

Mais vous de qui la voix
Au noble Obolenski semble dicter des lois,
Vous dont il a pour moi réclamé l'indulgence,
Pourquoi de votre nom n'ai-je pas connaissance?
Un soupçon dans mon cœur s'élève à votre aspect.

HÉLÈNE.

Quel est-il?

OLGA.

Je suis prête à céder au respect;
J'éprouve devant vous un trouble involontaire.

HÉLÈNE.

Eh bien!

OLGA.

Obolenski, si c'était votre mère?

HÉLÈNE.

Sa mère!.....

Elle s'avance vers Boscaris et lui fait signe de sortir. — Boscaris sort.

SCÈNE VIII.

OBOLENSKI, HÉLÈNE, OLGA.

OLGA, à part.

Quels regards il vient de me lancer !

Haut.

Je tremble ! Qu'ai-je dit qui vous puisse offenser ?

HÉLÈNE.

Rien ; mais vous vous trompiez, je ne suis point la mère
Du guerrier moscovite à qui vous êtes chère :
Je suis une parente, et j'ai voulu vous voir ;
Car d'un bonheur sans fin vous nourrissez l'espoir,
Et pourtant.....

OLGA.

Qu'avez-vous ? et pourquoi ce silence ?
Achevez.

HÉLÈNE.

Il le faut, et, même en sa présence,
Je vous rappellerai que l'amour trop souvent
N'offre aux cœurs abusés qu'un bonheur décevant.

OBOLENSKI.

Ah ! souffrez.....

HÉLÈNE.

Il jura d'aimer toute la vie !
Mais, jeune, impétueux, dans notre Moscovie,
A combien de beautés sa bouche prodigua

Les serments séducteurs qui charmèrent Olga.
Songez-y bien !

OLGA.

Pourquoi l'accusez-vous, madame ?
Moi seule, et pour jamais, je règne sur son âme.

HÉLÈNE.

Ah ! vous en êtes sûre !

OLGA.

Oh oui ! n'en doutez pas !
S'il a de quelque femme admiré les appas,
S'il en est qui jadis parvinrent à lui plaire,
Ces amours ont-ils droit d'exciter ma colère ?
Puis-je en être jalouse, et dois-je le blamer ?
Avant de m'avoir vue il ne pouvait m'aimer.

HÉLÈNE.

Vous êtes indulgente.

OLGA.

Il le faut bien.

HÉLÈNE.

Peut-être
Vous auriez quelque effroi s'il vous faisait connaître
Jusqu'où ses vœux naguère ont osé s'élever.
On dit.... mais devant vous je tremble d'achever.

OLGA.

Ne craignez rien.

OBOLENSKI, à Hélène.

De grâce, abrégez mon supplice !
Je souffre !

HÉLÈNE.

L'éclairer, c'est lui rendre service.
On dit que, fier, ardent, peut-être ambitieux,
Admis auprès du trône, il a levé les yeux
Sur un objet sacré que tout un peuple honore,
Qu'on ne l'en punit point, et que naguère encore
Il cherchait son bonheur sur un front couronné.

OLGA.

Je ne le savais pas!... Je l'avais soupçonné!...

HÉLÈNE.

Comment donc?

OLGA.

Variant ses nombreuses conquêtes,
Je sais qu'Hélène....

OBOLENSKI.

Olga, songez-vous où vous êtes?

HÉLÈNE.

Ne l'interrompez pas.... Poursuivez, mon enfant.

OLGA.

J'afflige Obolenski : sans cesse il la défend.

HÉLÈNE.

Ah! vraiment?

OLGA.

Je pardonne à sa reconnaissance :
L'ambition, l'éclat de la toute-puissance,
En fascinant ses yeux, l'ont pu séduire un jour.
Mais ne profanons point le nom sacré d'amour!
S'il l'osa prononcer, il se trompait lui-même :
Un cœur noble a besoin d'estimer ce qu'il aime.

OBOLENSKI, à part.

Ciel !

HÉLÈNE, à part.

Je lis sur ses traits la contrainte et l'effroi !
Mais tremble-t-il pour elle, ou souffre-t-il pour moi ?
Comment à sa pensée arracher ce mystère ?
Éclaircir mes soupçons.

OBOLENSKI.

C'est trop long-temps me taire,
C'est trop long-temps souffrir, et je vais....

HÉLÈNE.

Arrêtez.

A Olga.

Connaissez-vous bien celle à qui vous insultez,
Jeune fille ? Elle peut se venger d'une offense.

OLGA.

J'entendis accuser son règne dès l'enfance.

HÉLÈNE.

On vous trompa peut-être ; et vous devez songer
Qu'ici de tels discours ne sont pas sans danger.

OLGA.

Oui, j'ai tort, j'en conviens ; qu'Obolenski pardonne :
C'est trop nous occuper d'Hélène, et je m'étonne
Que vous, dont la bonté m'offrait un doux appui,
Vous me vouliez contraindre à trembler près de lui !
Non, son cœur appartient à la pauvre orpheline.
Contre un amour si pur que pourrait la tsarine !
Je suis sans crainte.

HÉLÈNE.

On dit qu'Hélène est belle.

OLGA.

Oh oui !

Par sa beauté jadis on put être ébloui,
Je le sais... mais ses traits, flétris, dit-on, par l'âge...

HÉLÈNE.

Regarde, malheureuse ! et tremble !

OLGA.

Quel langage !

OBOLENSKI, à part.

Infortunée !

HÉLÈNE.

Eh bien ! vous vous taisez !

OLGA.

Eh quoi !

Je serais abusée ! Hélène !

HÉLÈNE.

Est devant toi.

OLGA.

Obolenski !

Elle se traîne vers un siège.

OBOLENSKI.

Grand Dieu ! que vois-je ! Olga !...

HÉLÈNE, l'arrêtant.

Demeure.

OBOLENSKI.

Regardez ! sous nos yeux voulez-vous qu'elle meure !

HÉLÈNE.

Ce n'est pas cet effroi qui la fera mourir.
Esclaves, approchez.

SCÈNE IX.

OBOLENSKI, HÉLÈNE, BLASKOFF, OLGA,
ESCLAVES, STRÉLITZ.

HÉLÈNE.

Vous allez secourir
Cette fille.

BLASKOFF.

Que vois-je!

HÉLÈNE.

Allez, et qu'on l'emmène!

On emmène Olga évanouie dans une chambre voisine.

Strélitz, vous veillerez dans la chambre prochaine.
Hormis ces paysans, nul n'en doit approcher.

Les strélitz accompagnent Olga et les esclaves.

OBOLENSKI, à part.

Que faire!

HÉLÈNE.

De ces lieux je vais vous arracher,
Obolenski! Pardon, ne craignez rien pour elle.
Un puissant intérêt dans ma cour me rappelle;
Vous m'accompagnerez à Kioff sous peu d'instants.
Adieu! Remettez-vous; mais songez que j'attends.

Elle sort.

SCÈNE X.

OBOLENSKI, seul.

Malheureux! que résoudre? et quel espoir me reste?
Aveugle obéissance! ambition funeste!
Où m'avez-vous conduit? Qu'ai-je fait! insensé!
Comment rompre les nœuds où je suis enlacé?
Non, non, jamais!... jamais!... Exécrable voyage!
Toujours fermer son cœur et masquer son visage.
Voilà donc, Boscaris, le fruit de tes leçons!
Mais Hélène, outragée, est en proie aux soupçons!...
Cachons-lui ce qu'il faut me cacher à moi-même!
Oui, c'est Hélène encore, elle seule que j'aime!...
Il le faut!... Qu'Olga vive, il n'importe à quel prix!
Les remords, l'imposture, et mon propre mépris,
Rien ne m'arrêtera.

SCÈNE XI.

OBOLENSKI, FÉDOR.

FÉDOR.

Maître.

OBOLENSKI.

Eh bien ! qui t'appelle ?
Que veux-tu ?

FÉDOR.

Dans quels lieux est Olga ? Que fait-elle ?

OBOLENSKI.

Que t'importe ?

FÉDOR.

Écoutez : on menace ses jours.

OBOLENSKI.

Qu'en sais-tu ?

FÉDOR.

Du château je traversais les cours,
J'allais entrer : vers moi s'avance la tsarine ;
Devant saint Wladimir je la vois qui s'incline,
Puis elle se relève, et, les yeux enflammés,
Place autour du palais quelques strélitz armés.
Le nom d'Olga deux fois est sorti de sa bouche.
Son geste, ses regards, son sourire farouche,
L'ordre qu'elle a dicté, tout m'effraie, et j'accours
Pour cet pauvre enfant vous offrir mes secours.

OBOLENSKI.

Parle plus bas, Fédor !

FÉDOR.

Vous l'aimez, et sans doute
Vous voudrez l'arracher au sort que je redoute.

OBOLENSKI.

Hé bien ?

FÉDOR.

Je suis tout prêt !... Je n'ai point oublié
Les bienfaits qu'à mes maux prodigua sa pitié ;
M'acquitter envers elle est ma plus chère envie.
La tsarine menace, elle en veut à sa vie :
Je puis approcher d'elle, et vous sauver tous deux.
Ordonnez, et ma main...

OBOLENSKI.

Que dis-tu, malheureux ?

FÉDOR.

Ne vous occupez point des périls que je brave.
Que m'importent mes jours ! je ne suis qu'un esclave !

OBOLENSKI.

Tais-toi !... Si de ces lieux on l'avait entendu,
Dans le même supplice avec lui confondu...
Je devrais te punir ! Mais non, je te pardonne !...
Sans doute en ce moment Hélène me soupçonne ;
Mes secrets ennemis, près d'elle rassemblés,
Accusent mon retard... Sors.

FÉDOR.

Comme vous tremblez !

OBOLENSKI.

Oui, Boscaris est là, qui, flattant la tsarine,
Convoite des honneurs fondés sur ma ruine ;
Elle m'attend !... Allons tomber à ses genoux.

Il sort.

FÉDOR.

Le lâche ! il est encore plus esclave que nous.

FIN DU SECOND ACTE.

ACTE III.

Le théâtre représente le palais de la tsarine à Kioff : à la droite de l'acteur est une table couverte d'un tapis, et sur laquelle sont placées de riches étoffes, ainsi qu'un miroir gothique, à manche, et portatif. — A la gauche est un riche fauteuil élevé sur une estrade que recouvre une peau d'ours ; des siéges de forme sauvage sont rangés de chaque côté du théâtre. — Au lever du rideau, Hélène est assise devant la table ; elle tient à la main la lettre d'Obolenski.

SCÈNE Ire.

—

HÉLÈNE, seule.

Elle lit.

« Tel fut votre ordre : il y fallut souscrire !
« A rougir désormais vous m'avez condamné !
« Pour entraîner Olga jusque dans votre empire,
« J'ai feint l'amour !... vous l'aviez ordonné !.... »

Oui, je l'avais dicté cet ordre qu'il rappelle,
Et c'est pour m'obéir qu'il s'est fait aimer d'elle !
L'imprudente le crut, et son cœur fut trompé.
Près d'Olga, de moi seule il était occupé ;
De mes bontés toujours il chérit la mémoire :
Il le dit !... Que penser ? Puis-je encore le croire ?...

Les présents rapportés de ces lointains climats
Attestent que du moins il ne m'oubliait pas !
Ces étoffes de prix, et ce miroir fidèle,
Sa tendresse, dit-il, les offre à la plus belle !
La plus belle !... Est-il vrai?... Cet objet merveilleux,
Cette glace fragile, inconnue en ces lieux,
Sans nous flatter jamais reproduit notre image :
Voyons !... Dieu ! quels soucis altèrent mon visage !
Mon teint semble bruni, mes regards sont moins vifs !...
Un éclat si brillant pare ses traits naïfs !
Elle est si belle ! Et moi, les soins, le temps peut-être?...

Elle se lève.

Non, pas encore !... Hier, elle a, sans me connaître,
Devant Obolenski prononcé cet arrêt !...
La révolte vaincue, à son nom reparaît,
Elle est fille des tsars, et pour elle on conspire !
Sa mort est nécessaire au repos de l'empire.
Si le temps imprima ses traces sur mon front,
Sous ma couronne d'or quels regards les verront ?
Un front est toujours beau, paré d'un diadème !...
Que dis-je ! Olga pourrait s'en parer elle-même !
Il le sait.... S'il osait lui révéler son sort !
S'il l'aimait ! Il le faut ! point de pitié ! la mort !

Aux strélitz qui sont dans le fond.

Strélitz, on peut entrer. Qu'on appelle mes femmes.

Seule.

Belski pour elle en vain a renoué ses trames,
J'aurai bientôt cessé de la craindre.

A la foule qui se présente.

Entrez tous.

SCÈNE II. *

HÉLÈNE, LE MÉTROPOLITE, LE VOEVODE, THÉBALDO, BOSCARIS, BOÏARDS, ESCLAVES, FEMMES, STRÉLITZ dans le fond.

LE MÉTROPOLITE.

Que le grand saint Neuski veille à jamais sur vous !
Qu'il vous donne la paix du cœur !

HÉLÈNE.

Merci, mon père !
Intercédez pour moi !

---

* Cette scène ayant subi des retranchements de la part de la censure dramatique, elle se dit ainsi qu'il suit à la représentation, de sorte qu'elle se fond avec la scène 3e.

SCÈNE II.

LE VOEVODE, HÉLÈNE, THÉBALDO, BOSCARIS, BOÏARDS, ESCLAVES, FEMMES, STRÉLITZ dans le fond.

LE VOEVODE.

Nous attendions l'instant d'être admis près de vous.
Puisse Dieu prolonger votre règne prospère !

HÉLÈNE.

Je vous rends grâce ! Eh bien, voevode, j'espère
Qu'à votre voix partout s'assemblent nos soldats ?

Au Voëvode.

Voëvode, j'espère
Qu'à votre voix partout s'assemblent nos soldats?
Belski veut nous contraindre à marcher aux combats;
Il menace mon trône, et le khan de Krimée
Lui prête le secours d'une nombreuse armée:
Qu'ils viennent! grâce à vous, ils nous trouveront prêts.

LE VOEVODE.

Vous avez à régler différents intérêts,
Et j'attends.....

HÉLÈNE

Nous allons concerter les mesures
« Qu'il convient d'adopter.

A ses femmes.

Approchez ces parures.

Belski veut nous contraindre à marcher aux combats;
Il menace mon trône, et le khan de Krimée
Lui prête le secours d'une nombreuse armée:
Qu'ils viennent! grâce à vous, ils nous trouveront prêts.

LE VOEVODE.

Vous avez à régler différents intérêts,
Et j'attends...

HÉLÈNE.

Nous allons concerter les mesures
Qu'il convient d'adopter.

A ses femmes.

Approchez ces parures.

A Thebaldo.

Vous, savant étranger, qui venez des beaux-arts
Révéler les bienfaits à l'empire des tsars, etc.

Au métropolite.

Sage métropolite, au moment du danger,
Obtenez que le ciel daigne nous protéger!

LE MÉTROPOLITE.

Je vais du Tout-Puissant implorer l'indulgence.
Mais vous, n'oubliez pas d'apaiser sa vengeance :
Demain revient le jour où, d'un arrêt cruel,
Votre haine a frappé votre oncle Mikhaël!
Songez qu'un fer brûlant dessécha sa paupière,
Et qu'il languit captif, privé de la lumière;
C'était votre oncle, enfin!

HÉLÈNE.

Vous m'en parlez souvent!
J'ai de Saint-Wladimir enrichi le couvent :
Je lui donne aujourd'hui deux cents werstes de terres;
Je consens à fonder encor deux monastères;
Faites prier pour moi tous vos pieux reclus,
Et que de Mikhaël on ne me parle plus!

LE MÉTROPOLITE.

J'apaiserai le ciel!

HÉLÈNE.

Oui, ce soin vous regarde:
Songez-y bien, mon père!... Allez, que Dieu vous garde!

SCÈNE III.

LE VOEVODE, HÉLÈNE, THÉBALDO, BOSCARIS, BOÏARDS, ESCLAVES, FEMMES, STRÉLITZ dans le fond.

HÉLÈNE, à Thébaldo.

Vous, savant étranger, qui venez des beaux-arts
Révéler les bienfaits à l'empire des tsars,
Comptez sur mon appui, sur ma reconnaissance.
Vous voyez Boscaris : il est né dans Bizance ;
Il sera votre guide, et vous lui soumettrez
Les projets qu'avant peu vous exécuterez ;
Je me fie à vos soins.

Hélène va s'asseoir devant la table, et elle examine les étoffes.

THÉBALDO.

Illustre souveraine,
L'amour seul des beaux-arts auprès de vous m'amène :
La gloire est tout pour moi ! J'ai déjà visité
Vos hameaux, parcouru cette antique cité ;
Et, s'il faut devant vous parler avec franchise,
Chaque pas a, dans Kioff, excité ma surprise.
De quelques monuments conçus avec grandeur
Mes regards enchantés admiraient la splendeur ;
Puis mon œil s'abaissait sur la hutte enfumée,
De vos nombreux sujets retraite accoutumée.

J'y voyais confondus hommes, enfants, chevaux....
Pour embellir ces lieux qu'il faudra de travaux !

HÉLÈNE.

Vous êtes bien sévère !

THÉBALDO, à Boscaris.

Elle semble offensée.

BOSCARIS.

Un fou seul en ces lieux dit toute sa pensée :
Retenez cet avis.

HÉLÈNE.

Voëvode, parlez :
Je suivrai vos conseils.

LE VOEVODE.

Quatre ans sont écoulés
Depuis que Woronzoff, calomnié peut-être,
Subit, dans un cachot, les châtiments du traître.
On n'a pu jusqu'ici découvrir son forfait ;
Je le crois innocent.

HÉLÈNE.

Elle place sur sa coiffure quelques ornements, et se regarde dans le miroir qu'une femme agenouillée tient devant elle.

C'est possible, en effet.

A demi-voix.

Ces ornements nouveaux, dont mon front se décore,
Peut-être à ses regards me rendront belle encore.
Il va bientôt paraître, et je veux aujourd'hui
De ses riches présents me parer devant lui.

BOSCARIS, s'approchant d'Hélène.

De quel éclat nouveau s'embellissent vos charmes !

HÉLÈNE.

Boscaris !.....

LE VOEVODE.

Du captif sécherez-vous les larmes ?

HÉLÈNE.

Nous verrons !

BOSCARIS.

Pardonnez ! à votre auguste aspect,
Mon admiration fait taire le respect.
Mais comment résister à tant d'attraits ?

THÉBALDO.

Sans doute !
Si j'osais cependant.....

HÉLÈNE.

Parlez, je vous écoute.

THÉBALDO.

Nos femmes d'Italie avec l'éclat des fleurs
De ces brillants tissus mélangent les couleurs ;
La jeune Olga pourrait vous servir de modèle :
Que sous cette parure elle m'a semblé belle !

Hélène détache les ornements de son front.

BOSCARIS, à part.

L'insensé !

LE VOEVODE.

Woronzoff des maux qu'il a soufferts
Verra finir le cours ?

HÉLÈNE, rejetant les ornements avec fureur.

Qu'il meure dans les fers !

LE VOEVODE.

Qu'entends-je!

HÉLÈNE.

Osez-vous bien me parler d'indulgence!
Avec les révoltés il est d'intelligence!
Mon trône est menacé; j'entends de toutes parts
Murmurer contre moi de rebelles boïards.
Je les enchaînerai sous mon pouvoir suprême!
Thébaldo.
Que faites-vous ici?

THÉBALDO.

Tsarine.....

HÉLÈNE.

Aujourd'hui même,
Vous allez, hors des murs, construire une prison.

THÉBALDO.

Une prison!

HÉLÈNE.

Eh bien! vous hésitez?

THÉBALDO.

Pardon!
J'avais osé penser que mes talents....

HÉLÈNE.

Qu'entends-je!
Ici, l'on obéit! Sortez!

THÉBALDO, à part.

O Michel-Ange!

Il sort.

SCÈNE IV.

LE VOEVODE, HÉLÈNE, BOSCARIS, BOÏARDS, STRÉLITZ.

BOSCARIS, à part.

C'est un grand maladroit !

HÉLÈNE, aux femmes.

Qu'on ôte de mes yeux
Tous ces vains ornements, étrangers en ces lieux !

Les femmes s'éloignent en emportant la table, les étoffes et le miroir.

Aux strélitz.

Qu'on cherche Obolenski ! que les boïards s'assemblent !

A Boscaris, au voevode et aux boïards.

Demeurez !... Il est temps que les rebelles tremblent ;
Et, devant le conseil, près de nous appelé,
Un important secret vous sera révélé !

SCÈNE V.

—

OBOLENSKI, LE VOEVODE, BOSCARIS, HÉLÈNE,
BOÏARDS, STRÉLITZ, dans le fond.

HÉLÈNE.

Entrez, Obolenski; vous, boïards, prenez place.

Elle s'assied sur le fauteuil placé à gauche de l'acteur.

OBOLENSKI, *à part.*

Son regard est terrible, et son geste menace!

Sur un signe d'Hélène, tout le monde s'assied.

HÉLÈNE.

Lorsque Belski médite un nouvel attentat,
J'ai voulu, rassemblant les anciens de l'état,
Sur de grands intérêts appeler leur prudence.
Languissant sur un trône et dans la dépendance,
Les femmes des grands-ducs ont subi jusqu'à moi
D'un usage cruel l'inexorable loi :
La mort de leur époux les séparait du monde.
Mon sort fut différent, et, si Dieu me seconde,
L'avenir, sur mon règne arrêtant ses regards,
Saura que j'ai porté la couronne des tsars.
Nos exploits de l'Europe éveillent la surprise :
Déjà le Dannemarck, la Pologne, Venise
Sont venus saluer, par un ambassadeur,

De nos destins naissants la future grandeur.
Parcourant, en mon nom, les lointaines contrées,
De leurs lois, de leurs mœurs, trop long-temps ignorées,
Le noble Obolenski rapporte les trésors,
Qui par mes soins bientôt enrichiront nos bords.
Pour notre Moscovie un nouveau jour va luire.
Boïards, de mes succès j'ai voulu vous instruire;
Mais la haine, attaquant et mon trône et mes jours,
De mes vastes desseins veut arrêter le cours.
Je saurai d'un seul coup renverser son audace.
Le fantôme odieux dont le nom nous menace
Va devant mon pouvoir disparaître aujourd'hui.
Que la rébellion tombe et meure avec lui!
L'arrêt est prononcé, vous allez le connaître.

OBOLENSKI, à part.

Grand Dieu!

LE VOEVODE, se levant.

Belski, chassé des lieux qui l'ont vu naître,
A mérité son sort : ses complots impuissants,
Après tant de revers sans cesse renaissants,
Ont sur son front coupable appelé la vengeance.
Nul ne vous vient ici conseiller l'indulgence;
Mais, je dois l'avouer, tsarine, vos sujets
Ne sauraient applaudir à vos nouveaux projets.
Vous parlez de changer nos lois et nos usages:
Qu'allez-vous demander à des climats sauvages?
Du savoir et des arts les bienfaits décevants?
Il vous faut des soldats, et non pas des savants!
Écoutez nos conseils, et regardez Bizance :

De ses fiers habitants on vantait la science:
Aux fers de Mahomet les a-t-elle ravis?
Amollis par les arts, ils furent asservis.
Ah! loin de pénétrer je ne sais quels mystères,
Ils auraient dû s'instruire à défendre leurs terres,
Apprendre à vaincre enfin!... Je ne le cache pas,
Je les vois à regret porter ici leurs pas!
Des vaincus oseront se proclamer nos maîtres!
Ils altèrent déjà les mœurs de nos ancêtres;
Leurs leçons dans les cœurs germent de toutes parts.
Par l'âme de Rurick! que nos jeunes boïards,
Au lieu d'un vain savoir montrent des cicatrices!
On veut les policer! Qu'y gagnent-ils? des vices!
Il leur faut aujourd'hui, dans le luxe élevés,
Reposer sous un toit leurs membres énervés;
Des frivoles désirs la foule les assiége!
Nous, vainqueurs du Mongol, nous dormions dans la neige:
On ne nous avait pas inventé des besoins,
Et nous nous battions mieux, si nous raisonnions moins!
Avec de beaux discours vaincrons-nous le Tartare?
Je suis barbare! eh bien! je veux rester barbare!
Des peuples du Midi méprisons la langueur:
Les sciences, les arts ont détruit leur vigueur.
Ne les imitons pas: restons ce que nous sommes,
Afin que sur la terre on trouve encore des hommes!

Il se rassied.

BOSCARIS, se levant.

C'est à moi de répondre à cet âpre discours.
Vous qui, de vos bienfaits me prêtant le secours,

Avez d'un fugitif recueilli la détresse,
Tsarine, permettez qu'un enfant de la Grèce,
De ce boïard sauvage abaissant la hauteur,
Rende aux arts outragés votre appui protecteur.
Croyez-moi, du savoir, qu'un barbare dédaigne,
Que les fruits bienfaisants décorent votre règne:
Sans énerver les cœurs, éclairez les esprits;
L'Europe vous contemple....

HÉLÈNE, l'interrrompant.

Il suffit, Boscaris!
Un jour à vos conseils je peux ouvrir mon âme;
Mais un soin plus pressant aujourd'hui nous réclame.
Écoutez: Vassili, descendant au tombeau,
Laissa, vous le savez, une fille au berceau:
Sophie était son nom. Je montai sur le trône.
Mais Belski, dont l'audace attaquait ma couronne,
Déroba cet enfant, et, sur des bords lointains,
Douze ans le nom d'Olga nous cacha ses destins.

BOSCARIS, à part.

Olga! qu'ai-je entendu!

HÉLÈNE.

Cette jeune princesse
Du fond de son exil semblait sortir sans cesse.
Fille d'un premier lit, on proclamait ses droits:
Belski de tous côtés conspirait, et sa voix
Des révoltés vaincus ranimait l'espérance.
Enfin je découvris que les murs de Florence
Avaient servi d'asyle à cette faible enfant,
Dont le nom menaçait mon pouvoir triomphant.

Je voulus enlever à l'espoir des rebelles
Ce funeste aliment de guerres éternelles :
Obolenski partit, et, traversant les mers,
Courut porter mon nom chez vingt peuples divers.
Nos murs s'enrichiront des fruits de son voyage.
Mais pour sa souveraine il a fait davantage :
Cette Olga qui, de loin, m'entourait de dangers,
Ravie avec adresse à des bords étrangers,
A, pour n'en plus sortir, revu la Moscovie.
Ma bonté consentait à lui laisser la vie ;
Un cloître la devait cacher à tous les yeux :
Mes desseins ont changé.

OBOLENSKI.

Comment ?

HÉLÈNE.

Des factieux,
A la voix de Belski, marchent armés pour elle.
Tant que respire Olga, ma couronne chancelle.
L'intérêt de mon trône a décidé son sort :
On apprendra demain son retour et sa mort !

OBOLENSKI, se levant.

Sa mort ! Qu'avez-vous dit ! Eh quoi ! l'infortunée !
Sous le fer des bourreaux je l'aurais amenée !
Vous n'accomplirez pas ce funeste dessein !
Après l'avoir trompée, être son assassin !
Jamais !

HÉLÈNE.

Modérez-vous.

BOSCARIS.

Pardonnez-lui ! Peut-être

D'un tendre sentiment son cœur n'est pas le maître :
Il le faut excuser !

HÉLÈNE.

Oui, vous avez raison !

OBOLENSKI, à part.

Le perfide en son cœur irrite le soupçon !
Olga va donc périr, et c'est moi qui la tue !
Que devenir ?

HÉLÈNE.

Elle se lève, tous les boïards l'imitent.

Boïards, vous m'avez entendue !
Vous savez mes périls, et vous approuverez
Des ordres rigoureux...

LE VOEVODE.

Vos ordres sont sacrés.

HÉLÈNE.

J'y compte ! Immolons tout au salut de l'empire !
Songez-y bien, boïards ! qui me blâme conspire !
Allez, retirez-vous !

Les boïards se retirent. Hélène descend de l'estrade ; elle s'avance vers le fond du théâtre, et dit :

Boscaris, approchez !

Hélène et Boscaris parlent bas dans le fond.

OBOLENSKI, sur le devant du théâtre.

Oui, j'ai lu dans son cœur ses sentiments cachés !
D'une haine jalouse Olga périt victime :
L'amour d'Obolenski, voilà son plus grand crime !...
Il faut sauver ses jours !

Boscaris sort. Hélène revient lentement vers le fauteuil placé à la droite de l'acteur.

SCÈNE VI.

HÉLÈNE, OBOLENSKI.

OBOLENSKI.

Souffrez qu'à vos genoux,
Tsarine auguste et chère...

HÉLÈNE, s'arrêtant.

Eh bien! que voulez-vous?

OBOLENSKI.

Mon bonheur, les bienfaits répandus sur ma vie,
En ces lieux dès long-temps ont excité l'envie.
On cherche à me ravir votre cœur, vos bontés!...

HÉLÈNE, s'asseyant.

C'est à vous de juger si vous les méritez.

OBOLENSKI.

Boscaris, pour me perdre, a recours à la ruse,
Et vous prêtez l'oreille à la voix qui m'accuse!
Moi! vous trahir!

HÉLÈNE.

Est-on le maître de son cœur?
De cette jeune Olga si le charme vainqueur
Vous a séduit, pourquoi me tromper davantage?
L'amour qu'on inspira sans peine on le partage.
Eh bien! soyez sincère!... Écoutant la pitié,

Peut-être qu'en faveur d'une ancienne amitié
J'épargnerai des jours que proscrit ma puissance,
Et j'obtiendrai du moins votre reconnaissance.

OBOLENSKI, à part.

Haut.

Fuyons le piége! Eh quoi! toujours me soupçonner!...
Une seconde fois a-t-il pu se donner
Ce cœur, ce faible cœur où règne votre image?
Pourquoi l'ai-je entrepris ce funeste voyage!
Heureux auprès de vous, qu'avais-je à souhaiter?
Mais, soumis à votre ordre, il fallut vous quitter,
Renoncer à vous voir!... Combien je suis à plaindre!
Je m'abaisse pour vous à la honte de feindre;
Je m'exile, laissant mon bonheur sur ces bords;
J'étouffe dans mon cœur le cri de mes remords;
Tout, pour vous obéir, me paraît légitime;
Je vous immole enfin jusqu'à ma propre estime:
Et vous me soupçonnez!..

HÉLÈNE.

Un seul mot: l'aimez-vous?

OBOLENSKI.

Encore la défiance et les soupçons jaloux!
Celui qui vous aima peut-il être infidèle?
Peut-il vous oublier?

HÉLÈNE.

Elle est jeune, elle est belle!

OBOLENSKI.

Ses attraits enfantins, près de vous effacés,
Que sont-ils, à mes yeux, dès que vous paraissez?

On peut rendre justice aux grâces de son âge,
Au charme passager qui pare son visage;
Mais qu'opposera-t-elle à cette majesté
Qui relève en vos traits l'éclat de la beauté?
Hier, en vous voyant près de votre captive,
J'admirais en silence, et ma vue attentive
Comparait vos attraits à ses faibles appas :
Combien vous l'emportiez!

HÉLÈNE.

Ne me trompez-vous pas?

OBOLENSKI.

C'est à vos souvenirs que mon cœur en appelle!
A mes yeux, il est vrai, vous paraissiez moins belle,
Quand, d'une aveugle haine écoutant le transport,
D'un enfant malheureux vous prononciez la mort!
La bonté sait si bien embellir une femme!...
Mais ce dessein cruel n'est point né dans votre âme;
Non! je vous connais trop!

Il se trouve contre le fauteuil d'Hélène.

Vous les rappelez-vous
Ces jours de mon bonheur, et ces moments si doux
Où seule, à mon côté, loin d'une cour sauvage,
D'un tendre dévoûment vous acceptiez l'hommage?
Ces jours heureux, pour nous ils peuvent revenir :
Hélène n'en a point perdu le souvenir!
Alors, vous prodiguant d'innocentes caresses,
De ces beaux cheveux noirs je détachais les tresses :
Du bonheur de vous voir j'aimais à m'enivrer!....
A ces doux souvenirs laissez-moi me livrer.

Noble Hélène : c'est vous, vous seule que j'adore!
Tournez vers moi les yeux!

Il se met à genoux.

HÉLÈNE.

Faut-il le croire encore?

OBOLENSKI.

Ne me repoussez pas! Plus d'aveugle fureur!
D'un injuste soupçon n'accueillez point l'erreur :
Qu'on chérisse vos lois, en admirant vos charmes!
Une si belle main doit essuyer nos larmes!

HÉLÈNE.

Obolenski!....

OBOLENSKI.

C'est lui, qu'autrefois vous aimiez,
Qui souffrait loin de vous, qui revient à vos pieds!
Sa voix sur votre cœur n'a-t-elle plus d'empire?

HÉLÈNE, relevant Obolenski, et se levant elle-même.

Oui! je fus trop cruelle!... Eh bien! Olga respire!
Ma colère tantôt ordonnait son trépas:
Je veux être indulgente; elle ne mourra pas!
Je charge Obolenski de mes ordres suprêmes.

OBOLENSKI, à part, ne pouvant contenir sa joie.

Elle est sauvée enfin!

HÉLÈNE, dont les regards l'ont épié.

Misérable!.... tu l'aimes!

OBOLENSKI.

Que dites-vous?

HÉLÈNE.

Ton cœur s'est trahi malgré toi!

J'ai vu, j'ai vu ta joie !.... et je vois ton effroi !
Tu voulais me tromper ! Tremble, et qu'elle frémisse !
Tu ne jouiras pas de ton lâche artifice :
Vous apprendrez tous deux ce que peut mon courroux.

OBOLENSKI.

Hélène, écoutez-moi ! j'embrasse vos genoux !

HÉLÈNE.

Pas un mot !.... Tes regards m'ont révélé ton âme.

OBOLENSKI.

Eh bien, c'en est donc fait ! je brise un joug infâme !
J'ai rougi trop long-temps, par la feinte avili !
Connais-moi tout entier, veuve de Vassili !
Tu m'as rendu coupable ; et j'ai rompu ma chaîne ;
Un lâche dévoûment a fait place à la haine ;
Mon cœur à ta rivale appartient sans retour ;
Et même, en ce moment, pour que le mot d'amour
Pût sortir, près de toi, de ma bouche glacée,
Il me fallait sur elle attacher ma pensée !

HÉLÈNE.

Malheureux !

OBOLENSKI.

Frappe-moi ! j'ai mérité la mort,
Le jour où, pour te plaire, étouffant le remord,
J'ai trahi cette enfant, si naïve et si belle !
J'obtiendrai mon pardon, en mourant avec elle !

HÉLÈNE.

Oui, tu mourras !

OBOLENSKI.

Eh bien ! tes bourreaux sont-ils prêts ?

Qu'Olga m'aime et pardonne, et je meurs sans regrets !
Par d'indignes leçons mon âme fut séduite !...
Mais j'ai repris le cœur d'un noble Moscovite !
Je ne chercherai plus, barbare, à t'abuser :
Je vis pour te haïr, et pour te mépriser !

HÉLÈNE, à part.

Malgré moi, je le sens, inondant mes paupières,
Des larmes.... Cachons-les ! elles sont les premières !

SCÈNE VII.

HÉLÈNE, BOSCARIS, OBOLENSKI, STRÉLITZ.

BOSCARIS.

Tsarine, le danger qui menaçait l'état
Se rapproche, et Belski nous appelle au combat !
Sous l'habit d'un marchand, il revient dans les terres
Qu'aux mains d'Obolenski vous livrâtes naguères ;
De nombreux paysans, soulevés à sa voix,
De leur ancien seigneur ont reconnu les lois;
Les boïards mécontents l'ont rejoint, et peut-être
Belski de son château déjà s'est rendu maître.

HÉLÈNE.

Du château !.... Mais Olga ?

BOSCARIS.

Nous n'avons pu savoir
Si l'orpheline encore est en votre pouvoir.

HÉLÈNE.

Boscaris, que partout on s'arme, on se rassemble ;
A Obolenski.
Courons à la vengeance ! Et toi, perfide, tremble !
Des murs de ce palais tu ne sortiras pas :
J'y commande !... et tu meurs si tu fais un seul pas!

FIN DU TROISIÈME ACTE.

ACTE IV.

Le théâtre représente une forêt de sapins et de bouleaux ; dans le fond, à la gauche du spectateur, on aperçoit les murs du château d'Obolenski. — Au lever du rideau, Blaskoff est à genoux entre deux kosaques armés du knout.

SCÈNE Ire.

BLASKOFF, BELSKI, STROGONOFF, DOUBROWSKI, OUSLAD, BOÏARDS, ESCLAVES, KOSAQUES.

BELSKI.

Reconnais-tu Belski, ton seigneur et ton maître ?

BLASKOFF.

Sous l'habit d'un marchand j'ai pu le méconnaître :
Il m'en a bien puni.

BELSKI, aux kosaques.

C'est assez. Lève-toi.

BLASKOFF.

Grand merci.

BELSKI.

Maintenant approche, et réponds-moi.
Elle était à Florence ?

BLASKOFF.

Oui.

BELSKI.

Dans un humble asyle?

BLASKOFF.

Sous un modeste toit, aux portes de la ville.

BELSKI.

On l'appelait Olga? Mais, parle, un autre nom
Devant toi quelquefois fut-il prononcé?

BLASKOFF.

Non.

BELSKI.

A Florence?

BLASKOFF.

C'est là que nous l'avons trouvée.

BELSKI.

Et c'est là qu'en secret par mon ordre élevée
L'héritière du tsar dut attendre le jour
Où je proclamerais son règne et son retour!
C'est elle, plus de doute! Obolenski, ce traître
Qu'hier mes paysans nommaient encor leur maître,
Quel hasard, quel dessein près d'Olga l'a conduit?
De son nom, de son rang, crois-tu qu'il fût instruit?

BLASKOFF.

Non, il allait chercher des arts en Italie :
D'une orpheline, bonne autant qu'elle est jolie,
Les attraits l'ont séduit, et jusqu'en nos climats,
Par l'amour entraînée, elle a suivi ses pas :
Il devait l'épouser.

BELSKI.

L'épouser! lui! l'infâme!

Par quelque sortilége il égara son âme!
Dieu vengeur, dont le bras me ramène en ces lieux.
Tu ne l'as pas permis cet hymen odieux!
Des grands-ducs de Moscou tu protéges la fille!
Elle apprendra par moi son nom et sa famille!...
Amis, nobles boïards, qui venez à ma voix
Du sang de Vassili défendre les saints droits,
Dans nos premiers efforts le ciel nous favorise.
Au trône de Rurick Hélène s'est assise:
Il l'en faut arracher, vous l'avez juré tous!
Déjà ses fiers strélitz, en fuyant devant nous,
Jusque dans mon château nous ont livré passage,
Et j'ai de mes aïeux reconquis l'héritage.
Hélène contre nous arme tous ses soldats;
Boscaris les conduit et s'avance à grands pas;
Nous sommes peu nombreux; mais partagez ma joie,
Apprenez quels secours saint Neuski nous envoie:
Cet enfant malheureux dont le nom si long-temps
Rallia près de moi les boïards mécontents,
Cette jeune princesse à la mort enlevée,
L'héritière du tsar, Sophie est arrivée!
Elle est ici!

STROGONOFF.

Qu'entends-je! est-il vrai?

BELSKI.

Mes amis,
A nos vœux désormais quel succès est promis!
Je ne vous offre plus pour renverser Hélène
D'un retour incertain l'espérance lointaine:

C'est le sang de Rurick, c'est la fille des tsars,
Qui vient combattre et vaincre avec ses vieux boïards.

STROGONOFF.

Eh bien ! fais-la venir, et qu'on lui rende hommage !

BELSKI.

Va la chercher, Blaskoff.

Blaskoff sort

STROGONOFF.

Amis, notre courage
Va du trône à Sophie applanir le chemin ;
Mais il faut, quand du sceptre on armera sa main,
Qu'elle rende aux boïards leurs anciens priviléges !
Hélène a tout détruit ; ses efforts sacriléges
Nous ont depuis douze ans arraché tous nos droits.
Le noble Moscovite allait-il autrefois
Étaler à la cour sa bassesse importune ?
Attendre d'un regard sa vie ou sa fortune ?
Prodiguer ses respects à de vils favoris ?
Et, le front incliné, mendier des mépris ?
Non : obéir au tsar et le suivre à la guerre,
Mais vivre libre et maître absolu dans sa terre,
Tel il était jadis, tel il doit être encor !
Par des proscriptions grossissant son trésor,
Hélène de nos biens impunément dispose.
Vous, qu'elle a dépouillés, vous savez ce qu'elle ose !
Il faut que de nos droits nous nous ressaisissions :
Je combat pour Sophie à ces conditions.

[illegible].

Oui, mort aux favoris qui règnent sous Hélène !

La princesse Sophie est notre souveraine.
Mais à notre vengeance elle les livrera :
Je demande leur sang.

BELSKI.

On te le donnera !
Maintenant préparons nos prochaines attaques.
Yermack, chef de tribu, m'a vendu cent kosaques :
Ils combattront pour nous ; mais il leur faut de l'or.

STROGONOFF.

Tu leur en as donné.

BELSKI.

Je leur en dois encor.
C'est à toi, Strogonoff, qu'il faut que je m'adresse :
Voici l'instant venu d'accomplir ta promesse.

STROGONOFF.

Je suis tout prêt. Ouslad, approche.

OUSLAD, sortant du rang des esclaves.

Me voici.

STROGONOFF.

Il me faut de l'argent, et l'on t'amène ici
Pour m'en donner.

OUSLAD.

Qui, moi?

STROGONOFF.

Je suis ton maître; écoute :
Je t'ai permis, Ouslad, tu t'en souviens sans doute,
De quitter mon domaine et d'aller en tous lieux
Exercer ton esprit actif, industrieux.
Je sais que ton commerce a prospéré : j'exige

Mille ducats.

OUSLAD.

Grand Dieu !

STROGONOFF.

Mille ducats, te dis-je !

OUSLAD.

Hélas ! mon doux seigneur, je suis pauvre.

STROGONOFF.

Tu mens !

OUSLAD.

J'atteste saint Neuski.

STROGONOFF.

Laisse là tes serments.

OUSLAD.

Eh bien ! vous les aurez ; mais il faut qu'en échange,
Vous m'accordiez ici ma liberté.

STROGONOFF.

Qu'entends-je !

OUSLAD.

Je me suis enrichi ; mais, esclave et marchand,
Il ne m'est pas permis de posséder un champ :
Les nobles, les boïards sont seuls propriétaires.
Je veux être boïard, pour acheter des terres !
Fédor, en voyageant, a formé son esprit,
Et moi je me souviens de tout ce qu'il m'a dit :
Un homme, quelque titre enfin dont on le nomme,
Ne peut, sans son aveu, disposer d'un autre homme.
Il a raison : je crois ce que m'a dit Fédor ;
Et je veux être libre, ou je garde mon or.

STROGONOFF.

Vil paysan ! sais-tu, qu'en t'arrachant la vie,
Je te peux enlever cette imprudente envie ?

OUSLAD.

Vous pouvez me tuer : vous êtes les plus forts.
Mais comment saurez-vous où j'ai mis mes trésors ?

BELSKI, bas à Strogonoff.

Il dit vrai.

STROGONOFF.

Quoi ! souffrir qu'un paysan me brave !

OUSLAD.

Un homme n'est pas né pour devenir esclave !
Ma liberté ! je paie.

BELSKI, à STROGONOFF.

Il le faut.

STROGONOFF.

J'y consens !

OUSLAD.

Je vais donc à mon tour avoir des paysans !

STROGONOFF.

Pour la dernière fois que ton nom s'humilie !

Ouslad se met à genoux. Strogonoff étend la main sur sa tête.

Serf, de tous tes devoirs ton maître te délie :
Tu ne m'appartiens plus ; sois libre, et lève-toi !
Va payer ta rançon.

OUSLAD, aux paysans avec orgueil, après avoir baisé la robe de Strogonoff.

Esclaves, suivez-moi !

Il sort avec quelques esclaves.

SCÈNE II

BELSKI, STROGONOFF, DOUBROWSKI, BOÏARDS, ESCLAVES, KOSAQUES.

BELSKI.

Boïards, de mon château je me suis rendu maître;
Mais Boscaris approche : il nous faudra peut-être
Reculer devant lui. Ses soldats sont nombreux;
Des paysans armés ne tiendront pas contre eux.
D'un combat incertain ne tentons point l'épreuve.
A dix werstes d'ici, sur l'autre bord du fleuve,
Le Tartare a planté sa lance; il nous attend :
Nous irons le rejoindre, amis !... Dans un instant
Va paraître à nos yeux la rivale d'Hélène :
Pour servir nos desseins c'est Dieu qui nous l'amène;
Il a guidé ses pas !... Partout à son aspect
Vous verrez s'incliner le peuple avec respect :
A sa longue infortune on donnera des larmes;
Sa présence et son nom feront plus que nos armes.
J'entends du bruit, on vient... C'est elle : approchez tous.

SCÈNE III.

STROGONOFF, OLGA, BELSKI, DOUBROWSKI, BLASKOFF, BOÏARDS.

OLGA.

A travers ces forêts où me conduisez-vous?
Ces armes, ces soldats, ces visages terribles!...
Je frémis!... A mes pleurs serez-vous insensibles?
Oh! ne me tuez pas! ayez pitié de moi!
Je suis si jeune encore!

BELSKI.

Avancez sans effroi.

OLGA.

Hélas! à quels malheurs me dois-je encore attendre?
Et comment n'est-il pas ici pour me défendre?

BELSKI.

Vous n'avez rien à craindre, Olga : répondez-nous.

OLGA.

Hé bien?

BELSKI.

Ce bracelet fut-il toujours à vous?

OLGA.

Toujours.

BELSKI.

En ce pays récemment arrivée.

Aux champs italiens vous fûtes élevée?

OLGA.

Oui, sans doute, à Florence.

BELSKI.

Et dès vos jeunes ans
Vous demandiez en vain le nom de vos parents?

OLGA.

Il est vrai : j'ignorai toujours mon origine:
Celle qui m'élevait me disait orpheline.

BELSKI.

Loin d'elle sur ces bords l'amour vous attira?

OLGA.

C'est ma première faute, et Dieu m'en punira!

BELSKI.

Non! Ce coupable amour, que vous vaincrez sans doute,
Jusqu'à vos défenseurs vous a frayé la route:
Dieu, qui vout protégeait, vous guida près de nous.
Boïards, imitez-moi, tombez à ses genoux!

OLGA.

Que vois-je! que font-ils! et quel est ce langage!

BELSKI.

Fille de Vassili, recevez notre hommage.

OLGA.

Qui? moi!... Je suis Olga!

BELSKI.

Ne vous souvient-il pas
Que jadis un guerrier, vous prenant dans ses bras,
Au milieu des forêts vous emporta tremblante?

OLGA.

Oui, sa voix m'effraya, sa main était sanglante :
Je m'en souviens.

BELSKI.

Douze ans depuis ce jour fatal
Ont passé sur son front, et, loin du sol natal,
Proscrit, il supporta l'exil et l'indigence,
En préparant pour vous l'heure de la vengeance!
Il vous avait remise en de fidèles mains :
Un marchand étranger vers des pays lointains
Vous conduisit, et là, dans un obscur asyle,
Grâce à lui vous viviez inconnue et tranquille.
Il savait en quels lieux il pourrait vous trouver.
Le reste des trésors qu'il avait pu sauver
Pourvut à vos besoins ; et lui, sur ce rivage,
Épiait le moment d'achever son ouvrage.

OLGA.

Hé bien?

BELSKI.

C'est moi!... Le ciel vous offre à mes regards
Quand, s'unissant à moi, de fidèles boïards
Vont de l'indigne Hélène attaquer la puissance!
Reprends, fille des tsars, les droits de ta naissance!
Olga n'est plus! Sophie est tsarine! Guerriers,
Nous lui ferons un trône avec nos boucliers.

OLGA.

Comment! il se pourrait? moi, je serais tsarine!
Oh! ne vous jouez pas de la pauvre orpheline!
La surprise où me jette un si brillant destin

Enchaîne encor la joie en mon cœur incertain!
Mon front serait un jour paré d'une couronne!

BELSKI.

Elle est à vous, Sophie!

OLGA, à part.

Il aura donc un trône!

BELSKI.

Régnez, et vengez-nous!

OLGA.

Vous ne me trompez pas?
Moi, j'aurais des sujets! je verrais sur mes pas
Tout un peuple accourant pour me montrer ses larmes,
A mes soins protecteurs confier ses alarmes!
Du bonheur des humains moi je disposerais!

BELSKI.

Oui, tout respectera vos suprêmes arrêts;
Et, subissant enfin vos rigueurs légitimes,
Bientôt vos oppresseurs deviendront vos victimes:
Vous pourrez les punir.

OLGA.

Punir!... que dites-vous?

DOUBROWSKI.

De nos malheurs passés vous nous vengerez tous.

OLGA.

Vous n'aurez point conçu de vaines espérances:
Je saurai compatir à toutes les souffrances!...
Je veux auprès de moi ne voir que des heureux,
Et pour vous consoler bientôt nous serons deux.

BELSKI, à part.

Que dit-elle?

STROGONOFF.

Marchons! que notre œuvre s'achève!
De la vengeance, amis, pour nous le jour se lève,
Et nous pourrons enfin, après tant de malheurs,
A nos rivaux tremblants renvoyer nos douleurs.
Qu'Hélène et les boïards de ses fureurs complices,
Dans l'exil à leur tour....

DOUBROWSKI.

Point d'exil! des supplices!
Sous le knout des bourreaux qu'ils meurent lentement!
J'ai juré leur trépas, je tiendrai mon serment!

OLGA, à part.

Qu'entends-je!

STROGONOFF.

Aux étrangers dont s'environne Hélène,
Boïards, quels châtiments impose votre haine?

BELSKI.

Ils iront tous peupler nos mines, et leurs yeux
Ne se rouvriront plus à la clarté des cieux.

UN BOÏARD.

Wolkonski m'offensa, je demande sa tête.

BELSKI.

Ses esclaves, ses biens deviendront ta conquête:
Il te sera livré.

OLGA.

J'écoute en frémissant!
Vous parlez tous ici de vengeance et de sang;
De meurtres, de bourreaux votre espoir m'environne!
Est-ce là le bonheur qui siége auprès du trône?

BELSKI.

Eh quoi! depuis douze ans dépouillés et proscrits,
Nous ne punirions pas les lâches favoris
Dont l'insolente audace, usurpant nos domaines,
Aux fils des vieux boïards voulut donner des chaînes!
Ma vengeance est mon droit, elle est votre devoir;
Je viens, pour l'accomplir, vous livrer le pouvoir.

DOUBROWSKI.

Elle est juste; il faudra, Belski, que tu l'obtiennes.

OLGA.

Votre nom est Belski? ces terres?

BELSKI.

Sont les miennes!

OLGA, à part.

Ciel!

BELSKI.

On me les ravit alors que dans mes bras
Jadis je vous sauvai des fers ou du trépas;
Quand, de votre infortune embrassant la défense,
Je fis loin des périls élever votre enfance.
Un jeune favori devint mon héritier,
Moi vivant.

STROGONOFF.

Sous nos coups qu'il tombe le premier!

DOUBROWSKI.

C'est lui surtout, c'est lui que proscrit notre haine.

STROGONOFF.

C'est le plus insolent des favoris d'Hélène!

OLGA.

Qu'ai-je entendu ! Boïards, abjurez ce courroux ;
Ne le proscrivez pas !

STROGONOFF.

D'où le connaissez-vous ?

OLGA.

Oui, contre Obolenski la fureur vous transporte,
C'est lui qu'on veut frapper.

STROGONOFF.

Eh bien ! que vous importe?

OLGA.

Ciel ! que m'importe ! à moi ! qui, fière de nos nœuds,
Sacrifirais ma vie au moindre de ses vœux !
A moi, qui, dans l'espoir de ceindre un diadème,
N'ai vu que le bonheur d'en parer ce que j'aime.

BELSKI.

Malheureuse ! et c'est vous qui défendez ses jours !
Je n'y voulais pas croire à ces honteux amours !
Il est donc vrai, Sophie ! un nœud coupable enchaîne
L'héritière des tsars au favori d'Hélène;
Vous avez tout quitté pour le suivre en ces lieux.
Mais l'instant est venu d'ouvrir enfin les yeux :
Fille de Vassili, ton amour est un crime!
Le lâche suborneur n'a vu dans sa victime
Qu'un enfant sans appui, sans naissance et sans nom,
Dont l'avenir était l'opprobre et l'abandon !
Oui, c'est là le destin qu'il gardait à tes charmes.
Eh bien ! pour te venger quand nous prenons les armes,
A nos ressentiments ton courroux doit s'unir,

Car c'est ton séducteur que nous voulons punir.

OLGA.

Lui, tromper son Olga! Belski, je vous pardonne!
Que Dieu me frappe avant que mon cœur le soupçonne!
Eh quoi! dans l'instant même où mon sort va changer,
Je l'abandonnerais à qui veut l'égorger!
Moi, je pourrais souscrire à cet arrêt infâme

BELSKI.

Il le faut.

DOUBROWSKI.

C'est assez écouter une femme.
Des amours d'un enfant pourquoi nous occuper?
Renversons nos rivaux, nous pourrons les frapper.

OLGA, à part.

Les barbares! Près d'eux tout mon cœur se soulève!

BELSKI.

Silence, écoutez tous... Un bruit lointain s'élève;
Du côté du château vous entendez des cris:
C'est Fédor!

SCÈNE IV.

OLGA, BLASKOFF, FÉDOR, BELSKI, DOUBROWSKI, STROGONOFF, PAYSANS.

BELSKI.

Que viens-tu m'annoncer?

FÉDOR.

Boscaris!
De ces lieux une werste à peine le sépare,
Et tous vos paysans, dont la terreur s'empare,
Avec moi près de vous accourent se ranger.
Quatre mille strélitz vont bientôt assiéger
Votre château, qu'en vain nous voudrions défendre :
Voyez si dans ce bois vous les voulez attendre.

BELSKI.

Non : nous allons placer le fleuve entre eux et nous.

Aux kosaques. *A Olga.*

Rejoignons le Tartare. A vos armes ! Et vous,
Venez, Sophie!

OLGA.

En vain vous l'espérez.

BELSKI.

Qu'entends-je !

OLGA.

Barbares, laissez-moi !

BELSKI.

Vous suivrez qui vous venge.

OLGA.

Non, non, je ne veux point de vos secours affreux,
Ni d'un trône arrosé du sang des malheureux !
Laissez-moi ! Loin de vous que mon sort s'accomplisse :
Olga de vos fureurs ne sera point complice.
Vous m'avez révélé vos horribles desseins :
Je ne veux pas régner avec des assassins!

BELSKI.

C'est vous qui repoussez nos secours!

DOUBROWSKI.

Que t'importe?
Kosaques, approchez!

OLGA.

Osez-vous?

DOUBROWSKI.

Qu'on l'emporte!
Sa présence est utile au but que nous cherchons :
Il faut bon gré mal gré qu'elle règne !...

Des kosaques emportent Olga.

BELSKI.

Marchons!

OLGA.

Obolenski !...

SCÈNE V.

—

BLASKOFF, FÉDOR.

BLASKOFF.

Fédor ! qu'en dis-tu ? que t'en semble?

FÉDOR.

Elle aime Obolenski ! je la plains, et je tremble.

BLASKOFF.

Mais restons-nous ici, Fédor ? ne faut-il pas
De Belski maintenant accompagner les pas ?
On va se battre, on a besoin de ton courage.

FÉDOR.

Moi, me battre ! Et pourquoi? Pour changer d'esclavage?
Qu'ils s'arrangent entre eux : je reste, et j'attendrai.

BLASKOFF.

Je voudrais bien savoir à qui j'appartiendrai.
Je suis né pauvre et serf : je dois avoir un maître,
C'est juste ! mais au moins je voudrais le connaître ;
Et, si me résigner fut toujours ma vertu,
J'aime à savoir par qui je dois être battu.

FÉDOR.

A tes dépens bientôt tu l'apprendras sans doute :
Les maîtres ne sauraient nous manquer !... Mais écoute,
J'entends de Boscaris les soldats s'approcher :

Ils ne trouveront pas ce qu'ils viennent chercher ;
Il est trop tard.

SCÈNE VI.

BLASKOFF, FÉDOR, BOSCARIS, STRÉLITZ.

BOSCARIS.

Strélitz, allez ! qu'on les poursuive !
Les lâches devant nous ont fui vers l'autre rive !
Tandis que du château je me vais emparer,
Tâchez de les rejoindre et de les entourer.

Des strélitz sortent.

A Fédor et Blaskoff.

Esclaves ! répondez ! Des boïards, des kosaques
Étaient ici ?

FÉDOR.

Sans doute : ils ont craint vos attaques ;
Ils sont partis.

BOSCARIS.

Olga se trouvait avec eux ?

BLASKOFF.

Elle les a suivis.

BOSCARIS.

Je suis bien malheureux !

Elle m'échappe ! Dieu !... quelle eût été ma joie,
Si par moi la tsarine eût ressaisi sa proie !
Obolenski, fuyant par de secrets détours,
A la fureur d'Hélène a dérobé ses jours.
Il va chercher sans doute à sauver l'orpheline !...
Quel bruit !...

FÉDOR, regardant vers la coulisse.

Quelques strélitz au pied de la colline
Ont rejoint les boïards; ils combattent.

BOSCARIS.

Tes yeux
Ne distinguent-ils pas, accourant vers ces lieux,
Une femme?

FÉDOR.

Oui... vers elle un kosaque s'élance.

BLASKOFF.

Il la poursuit.

FÉDOR.

Il va la saisir, et sa lance...

BOSCARIS.

Courons.

BLASKOFF.

Il est frappé par un de vos soldats.

FÉDOR.

Elle fuit.

BLASKOFF.

La voilà.

BOSCARIS.

Je ne me trompais pas.

SCÈNE VII.

BLASKOFF, FÉDOR, OLGA, BOSCARIS, STRÉLITZ.

OLGA.

Ah ! qui que vous soyez, secourez-moi !... j'expire !

BOSCARIS.

C'est vous, Olga !

OLGA.

Grand Dieu ! quelle voix !.. Je respire !
L'ami d'Obolenski !... Boscaris, sauvez-moi !...
Ne m'abandonnez pas !

BOSCARIS.

Non, calmez votre effroi !

A part.

Je ne vous quitte plus. Destin, je te rends grâces !

OLGA.

Sans doute les cruels auront suivi mes traces.

BOSCARIS.

Non, ce n'est pas ici qu'ils viendront vous chercher.

OLGA.

A leurs affreux secours j'ai voulu m'arracher :
Le bruit et le désordre ont protégé ma fuite ;
Sous ces taillis épais j'ai trompé leur poursuite ;
C'est Dieu qui jusqu'à vous a dirigé mes pas !
L'ami d'Obolenski ne me trahira pas !
Si vous saviez quel est le rang qu'on me destine !

On veut donner un sceptre à la pauvre orpheline!
Je ne suis point Olga, je suis fille des tsars,
On le dit; c'est pour moi que s'arment les boïards.
Pour moi!... Dieu tout-puissant, à toi je m'abandonne;
Détourne de mon front cette horrible couronne.
Oui, vers Obolenski guidez-moi: j'aime mieux
Mourir auprès de lui que régner avec eux.

La nuit commence dans le fond.

BOSCARIS.

Livrez-vous à mes soins.

OLGA.

Que fait-il? Ah! qu'il vienne!
Que je veille sur lui, car sa vie est la mienne.
Loin de sa chère Olga combien il doit souffrir!
Venez, sans le revoir je ne veux pas mourir.
J'offensai la tsarine? Eh bien! qu'elle pardonne,
Et rende le bonheur à qui lui cède un trône.

BOSCARIS.

Suivez-moi.

OLGA.

J'y consens. Vous ne me trompez pas?
C'est vers Obolenski que vous guidez mes pas?

BOSCARIS.

Mes soins de son château vont vous rouvrir l'entrée.

OLGA.

Je vous suis. Boscaris, l'infortune est sacrée!

Boscaris emmène Olga vers le château; Fédor, Blaskoff et les strélitz les suivent.

FIN DU QUATRIÈME ACTE.

ACTE V.

Le théâtre représente une chambre du château du second acte. Porte au fond ; fenêtre praticable à la droite du spectateur ; porte du même côté. — Au lever du rideau, Olga est assise à la gauche du spectateur.

SCÈNE Ire.

OLGA, seule.

Le jour a bien tardé ! Que les heures sont lentes !
Je sens s'appesantir mes paupières brûlantes :
J'ai besoin de sommeil... et le sommeil me fuit.
Combien elle a duré cette pénible nuit !
Est-ce une erreur ? j'ai cru pendant ma longue veille
Entendre retentir mon nom à mon oreille :
Une lointaine voix me disait d'espérer !
Quels sont donc mes perils ? Boscaris va rentrer ;
Il a su compatir aux peines que j'endure :
Ami d'Obolenski, sa pitié me rassure ;
Auprès de moi bientôt il conduira ses pas :
Il le dit !... Attendons... Pourquoi ne vient-il pas ?
Je souffre !... Regardons si je le vois paraître.
Voici le jour enfin ; ouvrons cette fenêtre !

Elle essaie d'ouvrir la fenêtre. Elle court vers les portes.

O ciel ! elle est fermée ! et ces portes aussi !
Pourquoi sous les verrous me retenir ici ?
Suis-je captive ? Oh non ! sans doute la prudence
Ordonnait... Et pourtant je frémis !... Quel silence !...
Quoi ! seule, seule au monde ! Et si j'attends en vain,
Si mon Obolenski ne revient pas enfin,
Que devenir? J'entends quelqu'un ! Non, non, personne !
Quel est ce bruit lointain ? C'est la cloche qui sonne.
Au chrétien qui s'éveille elle rappelle un Dieu.
Ah ! malgré moi ces sons m'apportent en ce lieu
Des terreurs dont mon cœur ne saurait se défendre.
A Florence jadis j'aimais à les entendre :
Alors je priais Dieu sans trouble et sans effroi.
Que ces paisibles jours me semblent loin de moi !
J'en ressaisis à peine une image effacée !...
Je n'ai qu'un souvenir, je n'ai qu'une pensée :
Obolenski !... Pour moi tout est là... Que fait-il?
Oh ! si l'amour d'Olga l'avait mis en péril !
Qui viendra m'arracher aux maux que je redoute ?
On ouvre cette porte... on vient... C'est lui, sans doute !
J'oublie en le voyant tous mes chagrins passés.

Elle court vers la porte du fond et recule avec horreur.

Ciel ! Hélène !...

SCÈNE II.

OLGA, HELÈNE.

HÉLÈNE.

Aujourd'hui vous me reconnaissez?

OLGA.

Je frémis!

HÉLÈNE.

Calmez-vous.

OLGA.

Que deviendrai-je? Où suis-je?
Hélène... c'est la mort!

HÉLÈNE.

Remettez-vous, vous dis-je.

OLGA.

Boscaris me trompait! tout est fini pour moi!

HÉLÈNE.

Mon aspect vous inspire un légitime effroi;
Car vous vous souvenez, Olga, par quelle offense
Naguère vous avez excité ma vengeance?

OLGA.

Je suis entre vos mains, qui peut me secourir?
Si vous n'avez pitié de moi je dois mourir!

HÉLÈNE.

Vos outrages, Olga, sont-ils votre seul crime?
De quelques revoltés si l'espoir se ranime,
S'ils osent m'attaquer et troubler mes états,
Quel nom prononcent-ils en marchant aux combats?
Le vôtre.

OLGA.

Vous savez...

HÉLÈNE.

Oui, je sais ta naissance.
Si ta rivale au trône était en ta puissance,
Si tu pouvais frapper, Olga, que ferais-tu?
Réponds-moi.

OLGA.

Ma conduite a déjà répondu.
Ah! si votre couronne excitait mon envie,
Seriez-vous maintenant maîtresse de ma vie?
Aurais-je voulu fuir ces boïards dont l'espoir
Dans le sang des vaincus cimentait mon pouvoir?

HÉLÈNE.

Mais tu fus dès l'enfance instruite à me maudire;
Tu désirais ma mort.

OLGA.

Grand Dieu! qu'osez-vous dire!
Moi, votre mort!... Gardez et mon trône et mon rang.
Non, l'espoir de régner (le Ciel m'en est garant)
N'aurait pu m'arracher à l'heureuse contrée,
Où s'écoula jadis mon enfance ignorée.
Rivages de l'Arno, doux ciel, bords séduisants,
Adieu, je vais mourir!... Mourir!... et j'ai seize ans!

HÉLÈNE, à part.

Malgré moi la pitié...

OLGA.

Vous détournez la vue !
Vous me plaignez peut-être? Oui, vous semblez émue!
Vous n'ordonnerez pas que je meure !... Songez
Par combien de tourments vos affronts sont vengés !
Je cherchais le bonheur , et non un diadème...
Deux jours entiers, deux jours, sans voir celui que j'aime!
Vous seule loin de moi vous enchaînez ses pas !
Si j'ai des droits au trône il ne le saura pas;
Je ne lui dirai point quelle est mon origine :
Je veux n'être pour lui qu'une pauvre orpheline.
C'est Olga qu'il aimait... souffrez qu'il l'aime encor ;
Laissez-moi sa tendresse: elle est mon seul trésor.
Ne me punissez pas de l'amour que j'inspire...
Vous, pour vous consoler, vous avez un empire;
Chacun cherche à vous plaire; on chérit votre loi:
Moi je ne veux qu'un cœur, et ce cœur est à moi ;
Il m'aime !

HÉLÈNE, à part.

Oui, malheureuse, et c'est ton plus grand crime.
Il t'aime !... A ce seul mot ma fureur se ranime!

Haut.

Ainsi donc, écoutant un espoir suborneur,
Vous placez dans l'amour vos rêves de bonheur ?
Il faut vous plaindre, Olga !

OLGA.

Moi! que voulez-vous dire?

HÉLÈNE.

Que dans les cœurs encor vous ne savez pas lire.

OLGA.

Qu'entends-je ! quel discours !

HÉLÈNE.

Vous auriez dû songer
Que l'amour n'est souvent qu'un rêve mensonger.

OLGA.

Je ne vous comprends pas.

HÉLÈNE.

Je vais me faire entendre.
Ecoutez : cet amant si dévoué, si tendre,
Que votre orgueil aimait à voir à vos genoux,
S'il vous avait trompée, Olga?

OLGA.

Que dites-vous ?

HÉLÈNE.

L'amour qu'il exprimait, s'il avait dû le feindre ?

OLGA.

Non, c'est le seul malheur que je n'ai pas à craindre !
Vous pouvez, je le sais, ordonner mon trépas,
Frapper Obolenski !... mais ne vous flattez pas
D'éveiller dans mon cœur un soupçon qui l'offense.
Par là du moins je puis tromper votre vengeance.
J'excitai votre haine, elle peut s'assouvir....
Mais son cœur est un bien qu'on ne peut me ravir ;
Là s'arrête à mes pieds votre pouvoir suprême.
Vous régnez : mais c'est moi, c'est moi seule qu'il aime !
C'est mon dernier bonheur !

HÉLÈNE, à part.

Tu n'en jouiras pas !

Haut.

Si cet Obolenski dont vous suiviez les pas,
Si ce fidèle amant qui pour vous m'abandonne
N'avait point ignoré vos droits à la couronne ?
S'il n'eût fait en partant que céder à mes vœux ?
Si j'avais tout dicté, serments, tendres aveux ?
Par un espoir trompeur égarée et séduite,
Si dans ma chaîne enfin il vous avait conduite ?

OLGA.

Horrible calomnie ! et j'ai pu l'écouter !

HÉLÈNE.

Orgueilleuse, ton cœur cherche encore à douter.

OLGA.

Douter ! Qu'avez-vous dit ? Non, mon âme est tranquille.
Epargnez-vous, Hélène, un effort inutile.
Ma mort ne suffit point à vos transports jaloux,
Vous voulez torturer mon cœur : détrompez-vous !
D'un odieux soupçon ce cœur n'est point la proie,
Et ma rivale au moins n'aura pas cette joie !

HÉLÈNE.

Ah ! j'entends ! Mais peut-être en croirez-vous vos yeux?

Elle lui remet la lettre qu'Obolenski a envoyée au premier acte.

Regarde donc, et doute à présent si tu peux !

OLGA.

Qu'entends-je !

HÉLÈNE.

A te convaincre il faut que je parvienne,

Olga. Cette écriture est-elle bien la sienne ?

OLGA, jetant sur la lettre des regards vagues et incertains.

Sans doute.

HÉLÈNE.

Lis.

OLGA.

Je tremble, et mon œil étonné...

HÉLÈNE, indiquant du doigt divers passages de la lettre.

Lis donc : « J'ai feint l'amour... vous l'aviez ordonné...
« Pour entraîner Olga jusque dans votre empire. »
Eh bien ! je te trompais ! il t'adorait !

OLGA.

J'expire !

Elle tombe sur un siége, le regard fixe, les bras pendants.

HÉLÈNE.

Je te laisse : à présent tu connais ton destin.

A part.

Jouis de son amour. Je suis vengée enfin.

SCÈNE III.

OLGA, seule.

Où suis-je ? Qu'ai-je vu ? Ma tête embarrassée
Se trouble et ne peut plus saisir une pensée !...
Il me semblait souffrir ! Que m'est-il arrivé ?
Quelqu'un n'était-il pas ici ? Non, j'ai rêvé !

Je suis seule... C'était un horrible délire!
Une femme du doigt me contraignait à lire.

Elle jette les yeux sur la lettre, qui est à ses pieds.

Ah! je ne rêvais point! Cette femme était là!
Cette exécrable lettre existe... la voilà!
La voilà!

Elle s'empare de la lettre avec une espèce de frénésie, et la lit des yeux.

Tout est vrai.

Elle se jette à genoux.

Mon Dieu, toi que j'implore...

Elle se relève.

Je ne peux pas prier! la fièvre me dévore!
Oh! je deviendrai folle.

SCÈNE IV.

OLGA, OBOLENSKI.

OBOLENSKI, entrant par la porte de droite.

Enfin, je l'aperçoi!
Olga?

OLGA.

Que me veut-on?

OBOLENSKI.

Ne tremble pas, c'est moi!

OLGA.

Toi !

OBOLENSKI.

Point de bruit ; je viens te délivrer ; silence !
L'or a de tes geôliers séduit la vigilance ;
Viens, à tous les périls je te vais arracher.

OLGA.

Ah ! les bourreaux sont prêts et tu viens me chercher !

OBOLENSKI.

N'entends-tu pas ce bruit ? Dans la plaine voisine
Les boïards révoltés attaquent la tsarine.
On combat, c'est pour toi. Profitons des instants.
Un retard peut tout perdre ; allons, il en est temps.
Viens, chère Olga, c'est moi qui te prends sous ma garde.
Il faut suivre mes pas !

OLGA, lui montrant la lettre qui est à terre.

Te suivre !.... tiens, regarde !

OBOLENSKI.

Que vois-je ! Ah ! malheureux !

OLGA.

Oh ! oui, je t'ai compris !
Un autre de tes soins peut t'enlever le prix.

OBOLENSKI.

Ciel ! Olga.

OLGA.

Tu perdrais le fruit de ton voyage ;
Et tu veux jusqu'au bout accomplir ton message.
Eh bien ! marchons !... Mais non ; va, tu trembles à tort :
Hélène est généreuse !... on te paira ma mort.

OBOLENSKI.

Ecoute-moi ! Je fus un infâme, un barbare ;
Mon crime était affreux, Olga : je le répare.
Viens, et souffre du moins que je sauve tes jours !
Olga, je t'en conjure, au nom de nos amours !

OLGA.

De nos amours !... Ce mot peut sortir de sa bouche !

OBOLENSKI.

Je me traîne à tes pieds, que ma douleur te touche !
Vois mes larmes... Je t'aime autant que je me hais.
Ne me résiste pas, Olga, suis-moi !

OLGA.

Jamais !

OBOLENSKI.

Oui, d'indignes leçons ont égaré mon âme.
Méprisable instrument des fureurs d'une femme,
Olga, j'immolai tout, gloire, vertu, remord !
Punis-moi, mais qu'au moins je t'arrache à la mort !
Quand je t'aurai ravie à la main qui t'opprime,
Tout mon sang coulera pour effacer mon crime :
J'y consens ; mais qu'enfin, mes forfaits expiés...

OLGA.

C'est ainsi qu'à Florence il était à mes pieds :
Le bonheur m'attendait aux champs de Moscovie.
J'écoutai ses discours, je lui donnai ma vie.
Va-t'en !

OBOLENSKI, cherchant à l'entraîner.

Tu me suivras : je défendrai tes jours !

OLGA.

Ne crois plus me tromper.

OBOLENSKI.

Viens !

OLGA.

Non !

OBOLENSKI.

Viens !

OLGA, égarée, s'arrachant de ses bras.

Au secours !

OBOLENSKI.

Du silence !

OLGA.

Au secours !

OBOLENSKI, tâchant de l'attirer.

Il faut que je t'emmène !

OLGA, le repoussant.

Je ne veux pas mourir !

OBOLENSKI.

Il n'est plus temps !... Hélène !...
Tout est perdu.

SCÈNE V.

—

BOSCARIS, OLGA, HÉLÈNE, OBOLENSKI, STRÉLITZ.

HÉLÈNE.

Que vois-je! Emparez-vous de lui,
Strélitz.

Des strélitz entourent et désarment Obolenski.

OLGA.

Ah! vous venez me prêter votre appui.
Emmenez-moi, je veux m'éloigner de sa vue;

Elle reconnaît la tsarine.

Il me trompait encor! Dieu! je l'ai reconnue!
Elle a soif de mon sang! fuyons!

Elle se précipite vers Boscaris.

Protégez-moi,

Elle recule.

Arrachez-moi d'ici!.... C'est Boscaris! Eh quoi!
De tous mes assassins je suis environnée,
Et pas un défenseur! pas un!

OBOLENSKI.

Infortunée!

HÉLÈNE.

Auprès d'elle introduit par de secrets chemins,
Traître, tu voulais donc l'arracher de mes mains.
Et de mes ennemis quand l'audace rebelle

M'attaque en ce château, ton bras s'armait pour elle.
Elle t'avait séduit, sa beauté te charmait !....
Perfide, pour tous deux, c'est la mort....

OLGA.

Elle a prêté l'oreille et est revenue peu à peu de son égarement.

Il m'aimait !

Elle court se jeter dans les bras d'Obolenski, avec tous les signes d'une joie délirante.

Ah ! tout est oublié !.... Ton Olga t'aime encore !
Reprends, reprends tes droits sur ce cœur qui t'adore;
Enivrons-nous d'amour !

Ils se tiennent embrassés.

HÉLÈNE.

Malheureux !... Boscaris !....

Elle lui fait signe de les séparer.

OBOLENSKI, résistant.

Arrêtez ! Non ! jamais !....

HÉLÈNE.

Qu'on l'entraîne, strélitz.

On arrache Olga des bras d'Obolenksi. On l'emmène.

SCÈNE VI.

HÉLÈNE, OBOLENSKI, STRÉLITZ.

OBOLENSKI.

Prenez, prenez pitié de ma douleur mortelle !
J'embrasse vos genoux.... que j'expire avant elle !
Oh ! ne me rendez point témoin de son trépas !
Hélène, exaucez-moi ! Vous ne répondez pas !
Que mon sang, sous vos yeux répandu goutte à goutte,
Suffise à vos fureurs !.... Laissez-la vivre !

HÉLÈNE.

Écoute !

On entend un cri déchirant dans la coulisse.

OBOLENSKI.

Malheureux !... et je suis sans armes ! Et mon bras
Dans ton sang odieux ne se baignera pas !

SCÈNE DERNIÈRE.

HÉLÈNE, BLASKOFF, BOSCARIS, OBOLENSKI, ESCLAVES, STRÉLITZ.

HÉLÈNE.

Hé bien?

BOSCARIS.

Belski vaincu fuit; le peuple s'incline.
Regardez..... il n'est plus ici qu'une tsarine!

Par la porte du fond qui reste ouverte, on voit Olga étendue: des strélitz l'environnent.

HÉLÈNE, à Boscaris.

Ces terres, ce château, ces hommes sont à vous.

BLASKOFF, aux esclaves.

Encore un nouveau maître.

HÉLÈNE aux strélitz, montrant Obolenski.

A la mort!

BOSCARIS, aux esclaves.

A genoux!

Les esclaves s'inclinent devant Boscaris. On entraîne Obolenski. Boscaris porte à ses lèvres la main d'Hélène. La toile tombe.

www.ingramcontent.com/pod-product-compliance
Ingram Content Group UK Ltd.
Pitfield, Milton Keynes, MK11 3LW, UK
UKHW021055260726
13994UKWH00002B/536